Classiques Larousse

Collection fondée par Félix Guirand, agrégé des lettres

Molière

L'Avare

comédie

D1122776

Édition présentée, annotée et expliquée
par
ÉVELYNE AMON
professeur certifié

LAROUSSE

Qu'est-ce qu'un classique ?

L'Avare a été écrit par Molière il y a plus de trois cents ans, sous le règne de Louis XIV. Cette pièce de théâtre a été représentée pour la première fois au théâtre du Palais-Royal, à Paris.

Son sujet, toujours actuel, en fait une œuvre classique qui déclenche encore les rires aujourd'hui et qui est même devenue un film comique.

Le petit livre que vous avez entre les mains est particulier. En plus de *l'Avare,* il contient des renseignements sur l'auteur, le théâtre, le sujet de l'œuvre, les personnages, etc. Afin de mieux comprendre le texte de Molière, des notes placées en bas de page expliquent certains mots, et des questions, regroupées dans un encadré, aident à faire le point. Ainsi, vous pourrez lire la pièce avec plaisir et, pourquoi pas, comme si vous étiez un acteur ou une actrice...

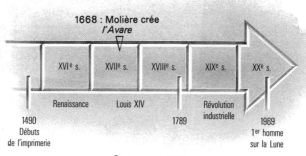

1668 : Molière crée *l'Avare*

XVI⁰ s. — XVII⁰ s. — XVIII⁰ s. — XIX⁰ s. — XX⁰ s.

Renaissance — Louis XIV — Révolution industrielle

1490 Débuts de l'imprimerie — 1789 — 1969 1er homme sur la Lune

© Larousse 1990.
ISSN 0297-4479.
ISBN 2-03-871302-2.

Sommaire

Tragédie → Passion
(moeurs caractères)

Comédie → défaut

3

Molière → hypocrisie

Molière : histoire d'une vie

Molière est un de nos plus grands écrivains et, pourtant, il ne reste de lui aucune trace écrite : pas un manuscrit, pas une lettre, à peine sa signature au bas de quelques factures... Aussi connaît-on mal les secrets de sa vie privée et les détails de son enfance.

Un enfant comme les autres

Le 15 janvier 1622, Jean Poquelin, marchand tapissier, se rend à l'église Saint-Eustache, à Paris, pour y faire baptiser son fils Jean-Baptiste.

À l'âge de dix ans, l'enfant perd sa mère. Son grand-père va alors s'occuper beaucoup de lui et lui faire partager sa passion du théâtre : il l'emmène souvent à l'Hôtel de Bourgogne et aux Italiens où des pièces comiques sont jouées par des troupes de farceurs.

Mais bientôt, le père de Jean-Baptiste, devenu « tapissier ordinaire du roi », est en mesure de donner à son fils une éducation digne d'un gentilhomme. Voilà le futur Molière externe à l'excellent collège de Clermont dirigé par les jésuites et fréquenté par les fils des grands seigneurs de l'époque. C'est là qu'il étudie les auteurs comiques latins Plaute et Térence qui inspireront plus tard certaines de ses pièces.

Le mangeur de vipères

À sa sortie du collège, Jean-Baptiste, âgé de dix-huit ans, étudie la philosophie puis le droit. Bientôt, il a le titre d'avocat. Mais le théâtre l'attire toujours autant.

Le quartier des Halles, où il habite, à Paris, est alors le plus animé de la capitale : bateleurs, charlatans, comédiens ambulants, montreurs de marionnettes ou d'animaux savants s'y produisent. Molière, dit-on, fait ses véritables débuts sur les tréteaux de Bary, un marchand de contrepoisons qui présente des farces pour attirer les clients. Il interprète le rôle du « mangeur de vipères » pour prouver l'efficacité du contrepoison.

Un théâtre de plein air au temps de Molière.
Molière d'Ariane Mnouchkine, 1978.

Les mésaventures de l'Illustre-Théâtre

Le temps est venu de choisir un métier. Jean-Baptiste n'hésite pas : il ne succédera pas à son père ; il n'ira pas non plus plaider dans les tribunaux. Non... il sera comédien ! Pour répondre à cette vocation, il prend le risque d'une existence instable et se met au ban de l'Église qui — malgré les déclarations de Louis XIII en leur faveur — continue de classer les acteurs parmi les gens de mauvaise vie.

Le 16 juin 1643, Jean-Baptiste, âgé de vingt et un ans, fonde avec des amis comédiens, les Béjart, une troupe pompeusement baptisée *l'Illustre-Théâtre*. Madeleine Béjart, dont il est amoureux, jouera les principaux rôles féminins tandis que, sous le pseudonyme de Molière, il sera à la fois acteur et administrateur. Mais l'enthousiasme ne suffit pas pour faire entrer l'argent dans les caisses. La troupe, incapable de lutter contre ses puissants concurrents de l'Hôtel de Bourgogne et du Marais, rencontre des difficultés financières insurmontables. En 1645, Molière est même emprisonné pour dettes durant quelques jours ! Paris n'est plus tenable ; il faut tenter la province.

La bohème

Pendant treize ans, la troupe ambulante va se produire de ville en ville. De cette vie errante, Molière retirera une connaissance profonde des hommes dont il saura si habilement tirer profit plus tard dans ses pièces. Déjà, il écrit ses premières farces. Après avoir été patronnée par le duc d'Épernon, sa troupe devient officiellement

en 1653 celle des « Comédiens du prince de Conti »,
gouverneur du Languedoc et troisième personnage du
royaume après le roi et Monsieur, frère du roi. Lorsque,
en 1655, il présente *l'Étourdi*, puis, en 1656, *le Dépit
amoureux,* les deux premières comédies dont le texte
nous soit parvenu, l'on peut savoir qu'un grand auteur
est né.

À nous deux, Paris !

Mais, dès l'année suivante, le vent tourne pour Molière :
Conti — influencé par son directeur de conscience
(conseiller religieux) — supprime la pension accordée à
la troupe. Il est temps de lever le camp. D'ailleurs la
scène parisienne n'est-elle pas pour un comédien la
consécration suprême ?

En octobre 1658, Molière a trente-six ans. Il revient
dans la capitale. Mais sur quelle scène jouer ? Appelé
au Louvre pour se produire devant le roi, il remporte
un franc succès. Louis XIV accorde alors à Molière la
salle du Petit-Bourbon, qu'il partagera avec la troupe
des comédiens-italiens.

Quand le scandale arrive

En 1659, Molière triomphe avec *les Précieuses ridicules.*
Mais, trois ans plus tard, il provoque avec *l'École des
femmes* un énorme scandale : on l'accuse de corrompre
le goût du public par des comédies grossières et
choquantes. En réalité, ses principaux adversaires, recrutés
parmi les proches de l'Hôtel de Bourgogne et du Marais
— les troupes concurrentes —, sont jaloux de son

succès. Molière se défend alors en faisant jouer deux comédies, *la Critique de l'École des femmes* et *l'Impromptu de Versailles,* dont les personnages répondent indirectement à ces accusations. C'est là l'occasion pour Molière de définir la comédie, telle qu'il l'entend.

En 1662, il épouse Armande Béjart, de vingt ans plus jeune que lui. Ce mariage ne fut pas, dit-on, très heureux.

L'amitié du Roi-Soleil

Depuis son arrivée à Paris, Molière s'est acquis la faveur de Louis XIV, grand amateur de comédies. Fort de cette amitié, il s'attaque avec *Tartuffe* (1664) au sujet brûlant de l'hypocrisie religieuse. La pièce provoque une telle tempête de protestations que le roi se voit contraint de l'interdire. L'année suivante, *Dom Juan* subira les mêmes attaques et sera retiré de l'affiche au bout de quinze représentations, en dépit d'un réel succès.

Cependant, le roi marque officiellement son soutien à Molière et à ses comédiens : il nomme leur compagnie « Troupe du roi » et leur accorde une confortable pension.

Le grand Molière

À partir de 1666, Molière va connaître de graves troubles de santé. Pourtant, durant les sept années qui lui restent à vivre, il écrira des œuvres inoubliables : *le Misanthrope* et *le Médecin malgré lui* (1666), *Amphitryon, George Dandin* et *l'Avare* (1668), *le Bourgeois gentilhomme* (1670), *les Fourberies de Scapin* (1671), *les Femmes savantes* (1672).

Enfin, en 1673, Molière présente *le Malade imaginaire,* une comédie-ballet dans laquelle il tient le rôle principal. Le 17 février, lors de la quatrième représentation, il est pris d'un malaise sur scène. Transporté chez lui à Paris, rue de Richelieu, il meurt dans la soirée. Comédien, donc rejeté par l'Église, c'est à l'intervention du roi qu'il doit d'être enterré religieusement. La cérémonie se déroule la nuit, dans la clandestinité. Aucun hommage officiel ne lui est rendu, mais près de huit cents personnes suivent les funérailles.

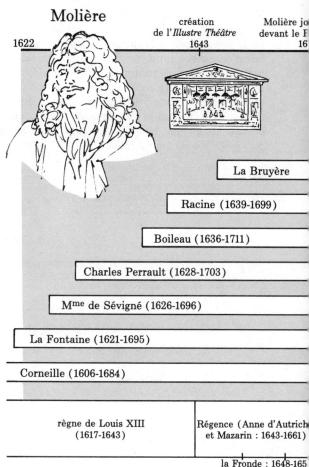

Molière

1622

création
de l'*Illustre Théâtre*
1643

Molière jo
devant le F
16

La Bruyère

Racine (1639-1699)

Boileau (1636-1711)

Charles Perrault (1628-1703)

Mme de Sévigné (1626-1696)

La Fontaine (1621-1695)

Corneille (1606-1684)

règne de Louis XIII
(1617-1643)

Régence (Anne d'Autrich
et Mazarin : 1643-1661)

la Fronde : 1648-165

10

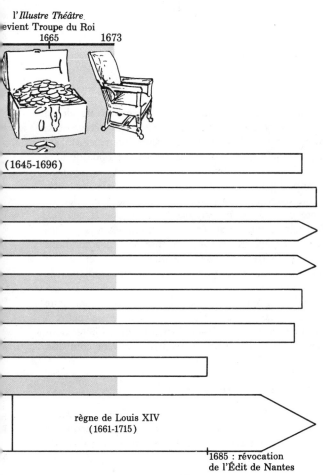

l'*Illustre Théâtre*
evient Troupe du Roi
1665   1673

(1645-1696)

règne de Louis XIV
(1661-1715)

1685 : révocation
de l'Édit de Nantes

Vive la comédie !

Molière défend la comédie

« C'est une étrange chose que celle de faire rire les honnêtes gens », déclare un des personnages de *la Critique de l'École des femmes*. À ceux qui dénigrent la comédie, qui voient en elle un genre inférieur, Molière rappelle qu'il n'est pas donné à tout le monde de faire rire. À ceux qui pensent qu'elle montre le mauvais exemple, il explique que non seulement elle doit être « considérée dans sa pureté », mais aussi que « rien ne reprend mieux la plupart des hommes que la peinture de leurs défauts » : si ces mots, empruntés à la préface de *Tartuffe*, ont une valeur de défense face aux accusations portées contre une pièce dérangeante, ils reprennent également une pensée chère aux auteurs comiques de l'Antiquité.

Molière montre ici son habileté. En effet, faire référence aux Anciens, c'est, au XVIIᵉ siècle, se mettre à l'abri des critiques ! Ainsi se sent-il les mains libres pour faire de la comédie un genre hardi, souvent combatif, et toujours férocement drôle.

Molière réinvente la comédie

Lorsque Molière, après treize ans de tournées en province, revient à Paris en 1658, la comédie n'a pas encore ses lettres de noblesse : elle fait figure de parent pauvre du théâtre.

Essentiellement présentée sous forme de farce, elle accompagne, généralement en seconde partie, la représentation d'une tragédie. Pièce courte mettant en scène un personnage principal qui fait rire à grand renfort de plaisanteries souvent grossières, de clowneries et de grimaces, la farce a pour mission de détendre le public après des scènes tragiques.

C'est Molière qui, le premier, avec *les Précieuses ridicules* (1659), introduit dans la farce une finesse et une profondeur qui vont transformer le genre comique. Alignant bientôt ses règles sur celles de la tragédie (la pièce développe une seule action, en une journée, dans un seul lieu), la farce devenue comédie aborde, avec lui, des sujets d'actualité et présente des personnages beaucoup plus nuancés.

De ce qu'il est convenu d'appeler la « grande comédie » jusqu'à la comédie-ballet qui associe la danse au théâtre, Molière réinvente le genre comique, mais sans jamais renoncer aux techniques de la farce.

L'Avare, créé cinq ans avant sa mort, montre que, pour lui, la comédie est un spectacle complet ouvert au rire, au sourire et à la réflexion.

Molière, technicien du rire

Il existe quatre grandes techniques pour faire rire au théâtre. Molière les a toutes utilisées, notamment dans *l'Avare* :

● le comique de caractère, qui joue sur la conduite et le tempérament des personnages, leur manière de penser et de réagir ;

● le comique de situation, qui montre les personnages

13

entraînés dans des péripéties inattendues et piégés par les circonstances ;
● le comique de mots, qui utilise les ressources du langage (répétitions, jeux de mots, patois, etc.) ;
● le comique de gestes, qui se sert des mouvements du corps, des déplacements sur la scène, des mimiques, des grimaces, etc.

L'Avare
en quelques mots...

L'Avare est une comédie en prose et en cinq actes.

Le lieu : Paris. La maison d'Harpagon.

L'époque : 1668.

Le sujet : Harpagon, l'avare, organise pour ses enfants Cléante et Élise des mariages d'intérêt. Il se réserve, quant à lui, d'épouser la jeune et charmante Mariane. Mais Cléante, qui est amoureux de la jeune fille, et Élise, qui s'est fiancée en secret avec Valère, le faux intendant de la maison, refusent d'obéir à leur père. Le trésor de l'avare, volé puis rendu à son propriétaire, permettra d'exercer un chantage grâce auquel l'amour sera vainqueur.

Les thèmes essentiels : l'avarice, le mensonge, l'amour.

Harpagon.
Gravure de M. Sand (1823-1889).

Portrait des personnages

HARPAGON : présent dans vingt-trois scènes sur trente-deux, il est le premier personnage comique de la pièce. Ce « maudit vieillard » impose à chacun sa volonté et soumet ses enfants comme ses domestiques à la dure loi de son avarice.

CLÉANTE : le fils d'Harpagon est l'amoureux de Mariane. C'est un jeune homme soucieux de plaire et de vivre agréablement. Il a deux problèmes à résoudre : trouver de l'argent et vaincre un rival qui n'est autre que son propre père !

ÉLISE : jeune fille sage, seul son amour pour Valère lui donne la force de s'opposer à la tyrannie de son père, Harpagon.

VALÈRE : gentilhomme à la recherche de sa famille, amoureux d'Élise, il s'introduit chez Harpagon sous une fausse identité et utilise la flatterie pour tenter de l'amadouer. Mais il s'en faut de peu que son habileté ne se retourne contre lui.

MARIANE : dans son personnage traditionnel d'amoureuse, elle rejoint Élise et révèle au public la dure condition des jeunes filles du XVIIᵉ siècle, entièrement soumises aux décisions de leurs parents. Elle est pauvre et ne peut donc repousser les avances d'Harpagon qu'elle déteste. Elle fait confiance à Cléante pour la

16

sauver du malheur. Comme Élise, elle existe davantage par son amour que par sa révolte.

FROSINE : elle organise la rencontre entre Mariane et Harpagon. Son goût pour l'argent et les manigances, son langage très direct font d'elle un des grands personnages comiques de la pièce, notamment dans la scène où elle est seule avec l'avare (acte II, scène 5).

MAÎTRE JACQUES : cocher et cuisinier d'Harpagon, il présente une double personnalité. Si sa sincérité au début de la pièce amuse le public, le mensonge qu'il utilise à la fin contre Valère le rend plus inquiétant.

LA FLÈCHE : domestique de Cléante, il est conforme à la tradition du valet malin et débrouillard. Personnage comique par définition, il joue un rôle très important dans la pièce puisque c'est lui qui change le cours des événements en dérobant la cassette.

ANSELME : son rôle de vieux prétendant le rend tout d'abord suspect aux yeux du public. Mais ce personnage réserve une bonne surprise à la fin : c'est par lui que le bonheur arrive.

Jean Baptiste Pocquelin de Moliere, Poëte Comique né a Paris vers 1620. mourut le 13. fev.^{er} 1673.

Molière à sa table de travail.
Gravure de Nolin (1657-1725)
d'après un tableau de Mignard (1612-1695).

MOLIÈRE

L'Avare

comédie
représentée pour la première fois
le 9 septembre 1668

Personnages

Harpagon, *père de Cléante et d'Élise,*
et amoureux de Mariane.

Cléante, *fils d'Harpagon, amant de Mariane.*

Élise, *fille d'Harpagon, amante de Valère.*

Valère, *fils d'Anselme et amant d'Élise.*

Mariane, *amante de Cléante et aimée d'Harpagon.*

Anselme, *père de Valère et de Mariane.*

Frosine, *femme d'intrigue.*

Maître Simon, *courtier.*

Maître Jacques, *cuisinier et cocher d'Harpagon.*

La Flèche, *valet de Cléante.*

Dame Claude, *servante d'Harpagon.*

Brindavoine, *laquais d'Harpagon.*

La Merluche, *laquais d'Harpagon.*

Le Commissaire.

Le Clerc.

La scène est à Paris.

Acte premier

SCÈNE PREMIÈRE. VALÈRE, ÉLISE.

VALÈRE. Hé quoi ? charmante Élise, vous devenez mélancolique, après les obligeantes assurances que vous avez eu la bonté de me donner de votre foi[1] ? Je vous vois soupirer, hélas ! au milieu de ma joie. Est-ce du
5 regret, dites-moi, de m'avoir fait heureux, et vous repentez-vous de cet engagement où mes feux[2] ont pu vous contraindre ?

ÉLISE. Non, Valère, je ne puis pas me repentir de tout ce que je fais pour vous. Je m'y sens entraîner par une
10 trop douce puissance, et je n'ai pas même la force de souhaiter que les choses ne fussent pas. Mais, à vous dire vrai, le succès[3] me donne de l'inquiétude, et je crains fort de vous aimer un peu plus que je ne devrais.

VALÈRE. Hé ! que pouvez-vous craindre, Élise, dans les
15 bontés que vous avez pour moi ?

ÉLISE. Hélas ! cent choses à la fois : l'emportement d'un père, les reproches d'une famille, les censures du monde[4], mais plus que tout, Valère, le changement de votre cœur, et cette froideur criminelle dont ceux de

---

1. *Foi :* engagement par lequel deux amoureux se jurent fidélité et promettent de s'épouser.
2. *Mes feux :* mon amour.
3. *Le succès :* le résultat final (favorable ou non).
4. *Les censures du monde :* les condamnations de la société.

20 votre sexe payent le plus souvent les témoignages trop ardents d'une innocente amour[1].

VALÈRE.   Ah ! ne me faites pas ce tort de juger de moi par les autres. Soupçonnez-moi de tout, Élise, plutôt que de manquer à[2] ce que je vous dois. Je vous aime 25 trop pour cela, et mon amour pour vous durera autant que ma vie.

ÉLISE.   Ah ! Valère, chacun tient les mêmes discours. Tous les hommes sont semblables par les paroles, et ce n'est que les actions qui les découvrent différents.

30 VALÈRE.   Puisque les seules actions font connaître ce que nous sommes, attendez donc au moins à juger de mon cœur par elles[3], et ne me cherchez point des crimes[4] dans les injustes craintes d'une fâcheuse prévoyance. Ne m'assassinez point[5], je vous prie, par les 35 sensibles coups d'un soupçon outrageux, et donnez-moi le temps de vous convaincre, par mille et mille preuves, de l'honnêteté de mes feux.

ÉLISE.   Hélas ! qu'avec facilité on se laisse persuader par les personnes que l'on aime ! Oui, Valère, je tiens 40 votre cœur incapable de m'abuser. Je crois que vous m'aimez d'un véritable amour, et que vous me serez fidèle ; je n'en veux point du tout douter, et je retranche mon chagrin[6] aux appréhensions du blâme qu'on pourra me donner.

---

1.   *Amour :* souvent au féminin au XVIIᵉ siècle.
2.   *Plutôt que de manquer à :* plutôt que de me soupçonner de manquer à.
3.   *Attendez donc … par elles :* jugez donc mon cœur par mes actions.
4.   *Crimes :* mauvaises actions.
5.   *Ne m'assassinez point :* ne me faites pas trop souffrir.
6.   *Je retranche mon chagrin :* je limite mon inquiétude.

45 VALÈRE.   Mais pourquoi cette inquiétude ?

ÉLISE.   Je n'aurais rien à craindre si tout le monde vous voyait des yeux dont[1] je vous vois, et je trouve en votre personne de quoi avoir raison aux choses que je fais[2] pour vous. Mon cœur, pour sa défense, a tout
50 votre mérite[3], appuyé du secours d'une reconnaissance où le ciel m'engage envers vous. Je me représente à toute heure ce péril étonnant qui commença de nous offrir aux regards l'un de l'autre, cette générosité surprenante qui vous fit risquer votre vie pour dérober[4]
55 la mienne à la fureur des ondes, ces soins pleins de tendresse que vous me fîtes éclater après m'avoir tirée de l'eau et les hommages assidus de cet ardent amour que ni le temps ni les difficultés n'ont rebuté, et qui, vous faisant négliger et parents et patrie, arrête vos pas
60 en ces lieux, y tient en ma faveur votre fortune[5] déguisée, et vous a réduit, pour me voir, à vous revêtir de l'emploi de domestique de mon père. Tout cela fait chez moi sans doute un merveilleux effet, et c'en est assez, à mes yeux, pour me justifier l'engagement où
65 j'ai pu consentir ; mais ce n'est pas assez peut-être pour le justifier aux autres, et je ne suis pas sûre qu'on entre dans mes sentiments.

VALÈRE.   De tout ce que vous avez dit, ce n'est que par mon seul amour que je prétends auprès de vous
70 mériter quelque chose ; et, quant aux scrupules que

---

1. *Dont :* avec lesquels.
2. *De quoi ... je fais :* de quoi justifier ce que je fais.
3. *Mon cœur ... a tout votre mérite :* mon cœur est séduit par vos qualités exceptionnelles.
4. *Dérober :* enlever.
5. *Fortune :* condition sociale.

vous avez, votre père lui-même ne prend que trop de soin de vous justifier à tout le monde, et l'excès de son avarice et la manière austère[1] dont il vit avec ses enfants pourraient autoriser des choses plus étranges.
75 Pardonnez-moi, charmante Élise, si j'en parle ainsi devant vous : vous savez que sur ce chapitre on n'en peut pas dire de bien. Mais enfin, si je puis, comme je l'espère, retrouver mes parents, nous n'aurons pas beaucoup de peine à nous les rendre favorables. J'en attends des
80 nouvelles avec impatience, et j'en irai chercher moi-même si elles tardent à venir.

ÉLISE.   Ah ! Valère, ne bougez d'ici, je vous prie, et songez seulement à vous bien mettre dans l'esprit de mon père.

85 VALÈRE.   Vous voyez comme je m'y prends, et les adroites complaisances qu'il m'a fallu mettre en usage pour m'introduire à son service ; sous quel masque de sympathie et de rapports de sentiments je me déguise pour lui plaire, et quel personnage je joue tous les jours
90 avec lui afin d'acquérir sa tendresse. J'y fais des progrès admirables, et j'éprouve[2] que, pour gagner les hommes, il n'est point de meilleure voie que de se parer à leurs yeux de leurs inclinations, que de donner dans[3] leurs maximes, encenser[4] leurs défauts et applaudir à ce qu'ils
95 font. On n'a que faire d'avoir peur de trop charger[5] la complaisance, et la manière dont on les joue a beau être visible, les plus fins toujours sont de grandes dupes

---

1.   *Austère :* sévère.
2.   *J'éprouve :* je me rends compte.
3.   *Donner dans :* approuver.
4.   *Encenser :* flatter.
5.   *Charger :* exagérer.

du côté de la flatterie, et il n'y a rien de si impertinent
et de si ridicule qu'on ne fasse avaler lorsqu'on
100 l'assaisonne en louange. La sincérité souffre un peu au
métier que je fais ; mais, quand on a besoin des
hommes, il faut bien s'ajuster[1] à eux, et, puisqu'on ne
saurait les gagner que par là, ce n'est pas la faute de
ceux qui flattent, mais de ceux qui veulent être flattés.

105 ÉLISE. Mais que ne tâchez-vous aussi de gagner l'appui
de mon frère en cas que la servante s'avisât de révéler
notre secret ?

VALÈRE. On ne peut pas ménager l'un et l'autre ; et
l'esprit du père et celui du fils sont des choses si
110 opposées qu'il est difficile d'accommoder ces deux
confidences[2] ensemble. Mais vous, de votre part, agissez
auprès de votre frère et servez-vous de l'amitié qui est
entre vous deux pour le jeter dans nos intérêts. Il vient.
Je me retire. Prenez ce temps pour lui parler, et ne lui
115 découvrez de notre affaire que ce que vous jugerez à
propos.

ÉLISE. Je ne sais si j'aurai la force de lui faire cette
confidence.

---

1. *S'ajuster* : s'adapter.
2. *D'accommoder ces deux confidences* : d'obtenir ces deux
confiances.

Acte I Scène 1

L'ACTION ET LES PERSONNAGES

1. Qu'apprenons-nous sur Harpagon au cours de cette première scène ? Citez le texte.

2. Que pensez-vous des craintes exprimées par Élise (l. 8 à 29) ? Vous paraissent-elles justifiées ? Pourquoi ?

3. Quelles sont, d'après les paroles de Valère à la fin de la scène, les relations d'Harpagon et de son fils Cléante ?

4. Comment Valère et Élise ont-ils fait connaissance ?

5. Pourquoi le bonheur des deux amoureux est-il menacé ?

6. Quelle définition Valère donne-t-il de la flatterie dans les lignes 85 à 104 ? Développez votre propre point de vue sur la question.

7. Quels sont les éléments qui font de cette scène une « scène d'exposition » ?

L'EXPRESSION

8. Trouvez, dans la première partie de cette scène, un nom commun dont le genre a changé depuis Molière.

9. Relevez quelques images appartenant au vocabulaire amoureux. Vous paraissent-elles poétiques ? originales ? conventionnelles ? exagérées ? Justifiez votre réponse.

LES IDÉES

10. Comment comprenez-vous la phrase : « et, puisqu'on ne saurait les gagner que par là, ce n'est pas la faute de ceux qui flattent, mais de ceux qui veulent être flattés » (l. 102 à 104).

SCÈNE 2. CLÉANTE, ÉLISE.

CLÉANTE.   Je suis bien aise de vous trouver seule, ma
sœur, et je brûlais de vous parler pour m'ouvrir à vous
d'un secret.

ÉLISE.   Me voilà prête à vous ouïr, mon frère. Qu'avez-
5 vous à me dire ?

CLÉANTE.   Bien des choses, ma sœur, enveloppées dans
un mot. J'aime.

ÉLISE.   Vous aimez ?

CLÉANTE.   Oui, j'aime. Mais avant que d'aller plus loin,
10 je sais que je dépends d'un père, et que le nom de fils
me soumet à ses volontés ; que nous ne devons point
engager notre foi sans le consentement de ceux dont
nous tenons le jour ; que le ciel les a faits les maîtres
de nos vœux[1], et qu'il nous est enjoint[2] de n'en disposer
15 que par leur conduite[3] ; que, n'étant prévenus[4] d'aucune
folle ardeur, ils sont en état de se tromper bien moins
que nous et de voir beaucoup mieux ce qui nous est
propre ; qu'il en faut plutôt croire les lumières de leur
prudence que l'aveuglement de notre passion, et que
20 l'emportement de la jeunesse nous entraîne le plus
souvent dans des précipices fâcheux. Je vous dis tout
cela, ma sœur, afin que vous ne vous donniez pas la
peine de me le dire, car enfin mon amour ne veut rien
écouter, et je vous prie de ne me point faire de
25 remontrances.

---

1. *Nos vœux :* nos amours.
2. *Enjoint :* ordonné.
3. *Que par leur conduite :* qu'avec leur autorisation.
4. *Prévenus :* influencés par.

ÉLISE. Vous êtes-vous engagé, mon frère, avec celle que vous aimez ?

CLÉANTE. Non ; mais j'y suis résolu, et je vous conjure encore une fois de ne me point apporter de raisons
30 pour m'en dissuader.

ÉLISE. Suis-je, mon frère, une si étrange personne ?

CLÉANTE. Non, ma sœur ; mais vous n'aimez pas, vous ignorez la douce violence qu'un tendre amour fait sur nos cœurs, et j'appréhende votre sagesse.

35 ÉLISE. Hélas ! mon frère, ne parlons point de ma sagesse. Il n'est personne qui n'en manque du moins une fois en sa vie ; et, si je vous ouvre mon cœur, peut-être serai-je à vos yeux bien moins sage que vous.

CLÉANTE. Ah ! plût au ciel que votre âme, comme la
40 mienne...

ÉLISE. Finissons auparavant votre affaire, et me dites qui est celle que vous aimez.

CLÉANTE. Une jeune personne qui loge depuis peu en ces quartiers, et qui semble être faite pour donner de
45 l'amour à tous ceux qui la voient. La nature, ma sœur, n'a rien formé de plus aimable[1], et je me sentis transporté dès le moment que je la vis. Elle se nomme Mariane et vit sous la conduite d'une bonne femme de mère[2] qui est presque toujours malade, et pour qui cette
50 aimable fille a des sentiments d'amitié qui ne sont pas imaginables. Elle la sert, la plaint, et la console avec une tendresse qui vous toucherait l'âme. Elle se prend d'un air le plus charmant du monde aux choses qu'elle fait, et l'on voit briller mille grâces en toutes ses

---

1. *Aimable :* digne d'être aimé.
2. *Une bonne femme de mère :* une mère âgée.

55 actions : une douceur pleine d'attraits, une bonté toute
engageante, une honnêteté adorable, une... Ah ! ma
sœur, je voudrais que vous l'eussiez vue.

ÉLISE. J'en vois beaucoup, mon frère, dans les choses
que vous me dites, et, pour comprendre ce qu'elle est,
60 il me suffit que vous l'aimez.

CLÉANTE. J'ai découvert sous main[1] qu'elles ne sont
pas fort accommodées[2] et que leur discrète conduite a
de la peine à étendre à tous leurs besoins le bien
qu'elles peuvent avoir[3]. Figurez-vous, ma sœur, quelle
65 joie ce peut être que de relever la fortune d'une personne
que l'on aime, que de donner adroitement quelques
petits secours aux modestes nécessités d'une vertueuse
famille, et concevez quel déplaisir ce m'est de voir que
par l'avarice d'un père je sois dans l'impuissance de
70 goûter cette joie et de faire éclater à cette belle aucun
témoignage de mon amour.

ÉLISE. Oui, je conçois assez, mon frère, quel doit être
votre chagrin.

CLÉANTE. Ah ! ma sœur, il est plus grand qu'on ne
75 peut croire : car enfin peut-on rien voir de plus cruel
que cette rigoureuse épargne qu'on exerce sur nous,
que cette sécheresse[4] étrange où l'on nous fait languir ?
Et que nous servira d'avoir du bien, s'il ne nous vient
que dans le temps que nous ne serons plus dans le bel
80 âge d'en jouir, et, si pour m'entretenir même, il faut

---

1. *Sous main :* en cachette.
2. *Pas fort accommodées :* ayant juste de quoi vivre.
3. *Leur discrète conduite ... peuvent avoir :* leur bien suffit à peine
à leurs besoins, malgré leur modeste train de vie.
4. *Sécheresse :* manque d'argent.

que maintenant je m'engage[1] de tous côtés, si je suis réduit avec vous à chercher tous les jours le secours des marchands pour avoir moyen de porter des habits raisonnables[2] ? Enfin j'ai voulu vous parler pour m'aider[3]
85 à sonder mon père sur les sentiments où je suis ; et, si je l'y trouve contraire, j'ai résolu d'aller en d'autres lieux avec cette aimable personne jouir de la fortune[4] que le ciel voudra nous offrir. Je fais chercher partout pour ce dessein de l'argent à emprunter ; et, si vos
90 affaires, ma sœur, sont semblables aux miennes, et qu'il faille que notre père s'oppose à nos désirs, nous le quitterons là tous deux, et nous affranchirons de cette tyrannie où nous tient depuis si longtemps son avarice insupportable.

95 ÉLISE. Il est bien vrai que tous les jours il nous donne de plus en plus sujet de regretter la mort de notre mère et que...

CLÉANTE. J'entends sa voix. Éloignons-nous un peu pour achever notre confidence, et nous joindrons après
100 nos forces pour venir attaquer la dureté de son humeur.

---

1. *Je m'engage :* je m'endette.
2. *Raisonnables :* convenables, décents.
3. *Pour m'aider :* pour que vous m'aidiez.
4. *Fortune :* destin, avenir.

Nicole Dubois (Élise) et Jean-Pol Brissart (Cléante),
dans une mise en scène de Jacques Mauclair
au théâtre du Marais, 1989.

31

SCÈNE 3. HARPAGON, LA FLÈCHE.

HARPAGON. Hors d'ici tout à l'heure[1], et qu'on ne réplique pas ! Allons, que l'on détale de chez moi, maître juré filou[2], vrai gibier de potence !

LA FLÈCHE, *à part.* Je n'ai jamais rien vu de si méchant
5 que ce maudit vieillard, et je pense, sauf correction[3], qu'il a le diable au corps.

HARPAGON. Tu murmures entre tes dents ?

LA FLÈCHE. Pourquoi me chassez-vous ?

HARPAGON. C'est bien à toi, pendard, à me demander
10 des raisons ! Sors vite, que[4] je ne t'assomme.

LA FLÈCHE. Qu'est-ce que je vous ai fait ?

HARPAGON. Tu m'as fait, que je veux que tu sortes.

LA FLÈCHE. Mon maître, votre fils, m'a donné ordre de l'attendre.

15 HARPAGON. Va-t'en l'attendre dans la rue, et ne sois point dans ma maison, planté tout droit comme un piquet, à observer ce qui se passe et faire ton profit de tout. Je ne veux point avoir sans cesse devant moi un espion de mes affaires, un traître dont les yeux maudits
20 assiègent[5] toutes mes actions, dévorent ce que je possède, et furettent de tous côtés pour voir s'il n'y a rien à voler.

LA FLÈCHE. Comment diantre voulez-vous qu'on fasse

---

1. *Tout à l'heure :* à l'instant, tout de suite.
2. *Maître juré filou :* filou de profession.
3. *Sauf correction :* sauf le respect que je vous dois.
4. *Que :* avant que.
5. *Assiègent :* surveillent de très près.

pour vous voler ? Êtes-vous un homme volable, quand
25 vous renfermez toutes choses et faites sentinelle jour et
nuit ?

HARPAGON.   Je veux renfermer ce que bon me semble
et faire sentinelle comme il me plaît. Ne voilà pas de
mes mouchards[1] qui prennent garde à ce qu'on fait ?
30 *(À part.)* Je tremble qu'il n'ait soupçonné quelque chose
de mon argent. *(Haut.)* Ne serais-tu point homme à
aller faire courir le bruit que j'ai chez moi de l'argent
caché ?

LA FLÈCHE.   Vous avez de l'argent caché ?

35 HARPAGON.   Non, coquin, je ne dis pas cela. *(À part.)*
J'enrage ! *(Haut.)* Je demande si malicieusement[2] tu
n'irais point faire courir le bruit que j'en ai.

LA FLÈCHE.   Hé ! que nous importe que vous en ayez
ou que vous n'en ayez pas, si c'est pour nous la même
40 chose ?

HARPAGON.   Tu fais le raisonneur ! Je te baillerai[3] de
ce raisonnement-ci par les oreilles. *(Il lève la main pour
lui donner un soufflet.)* Sors d'ici, encore une fois.

LA FLÈCHE.   Hé bien, je sors.

45 HARPAGON.   Attends. Ne m'emportes-tu rien ?

LA FLÈCHE.   Que vous emporterais-je ?

HARPAGON.   Viens çà[4], que je voie. Montre-moi tes
mains.

LA FLÈCHE.   Les voilà.

---

1. *Mouchards :* espions.
2. *Malicieusement :* méchamment.
3. *Baillerai :* donnerai.
4. *Çà :* ici.

50 HARPAGON.   Les autres.

LA FLÈCHE.   Les autres ?

HARPAGON.   Oui.

LA FLÈCHE.   Les voilà.

HARPAGON, *désignant les chausses*.   N'as-tu rien mis ici
55 dedans ?

LA FLÈCHE.   Voyez vous-même.

HARPAGON, *tâtant le bas de ses chausses*.   Ces grands
hauts-de-chausses[1] sont propres à devenir les receleurs[2]
des choses qu'on dérobe, et je voudrais qu'on en eût
60 fait pendre quelqu'un[3].

LA FLÈCHE, *à part*.   Ah ! qu'un homme comme cela
mériterait bien ce qu'il craint, et que j'aurais de joie à
le voler !

HARPAGON.   Euh ?

65 LA FLÈCHE.   Quoi ?

HARPAGON.   Qu'est-ce que tu parles de voler ?

LA FLÈCHE.   Je dis que vous fouillez bien partout pour
voir si je vous ai volé.

HARPAGON.   C'est ce que je veux faire.
(Il fouille dans les poches de La Flèche.)

70 LA FLÈCHE, *à part*.   La peste soit de l'avarice et des
avaricieux !

HARPAGON.   Comment ? que dis-tu ?

LA FLÈCHE.   Ce que je dis ?

---

1. *Haut-de-chausses* : culotte très large, serrée aux genoux.
2. *Receleurs* : abris des choses volées.
3. *Qu'on en eût fait pendre quelqu'un* : qu'on ait pendu un tel
voleur.

34

HARPAGON.   Oui. Qu'est-ce que tu dis d'avarice et
75 d'avaricieux ?

LA FLÈCHE.   Je dis que la peste soit de l'avarice et des
avaricieux.

HARPAGON.   De qui veux-tu parler ?

LA FLÈCHE.   Des avaricieux.

80 HARPAGON.   Et qui sont-ils, ces avaricieux ?

LA FLÈCHE.   Des vilains et des ladres[1].

HARPAGON.   Mais qui est-ce que tu entends par là ?

LA FLÈCHE.   De quoi vous mettez-vous en peine ?

HARPAGON.   Je me mets en peine de ce qu'il faut.

85 LA FLÈCHE.   Est-ce que vous croyez que je veux parler
de vous ?

HARPAGON.   Je crois ce que je crois ; mais je veux que
tu me dises à qui tu parles quand tu dis cela.

LA FLÈCHE.   Je parle... je parle à mon bonnet[2].

90 HARPAGON.   Et moi, je pourrais bien parler à ta barrette[3].

LA FLÈCHE.   M'empêcherez-vous de maudire les
avaricieux ?

HARPAGON.   Non ; mais je t'empêcherai de jaser[4] et
d'être insolent. Tais-toi.

95 LA FLÈCHE.   Je ne nomme personne.

HARPAGON.   Je te rosserai si tu parles.

LA FLÈCHE.   Qui se sent morveux, qu'il se mouche.

---

1. *Des vilains et des ladres :* des avares.
2. *Je parle à mon bonnet :* je me parle à moi-même.
3. *Parler à ta barrette :* te donner des coups sur la tête (la barrette
désigne une sorte de bonnet).
4. *Jaser :* bavarder à tort et à travers.

HARPAGON.   Te tairas-tu ?

LA FLÈCHE.   Oui, malgré moi.

100 HARPAGON.   Ah ! Ah !

LA FLÈCHE, *lui montrant une des poches de son justaucorps.*
Tenez, voilà encore une poche. Êtes-vous satisfait ?

HARPAGON.   Allons, rends-le-moi sans te fouiller[1].

LA FLÈCHE.   Quoi ?

105 HARPAGON.   Ce que tu m'as pris.

LA FLÈCHE.   Je ne vous ai rien pris du tout.

HARPAGON.   Assurément ?

LA FLÈCHE.   Assurément.

HARPAGON.   Adieu. Va-t'en à tous les diables.

110 LA FLÈCHE.   Me voilà fort bien congédié.

HARPAGON.   Je te le mets sur ta conscience[2] au moins !
Voilà un pendard de valet qui m'incommode fort, et je
ne me plais point à voir ce chien de boiteux-là.

---

1. *Sans te fouiller :* sans que je te fouille.
2. *Je te le mets sur ta conscience :* j'estime que tu as un vol sur la conscience.

L'Avare au T.N.P. du palais de Chaillot,
mis en scène et interprété par Jean Vilar, 1952.

37

Acte I Scènes 2 et 3

L'ACTION ET LES PERSONNAGES

1. Au début de la scène 2, Cléante craint que sa sœur ne lui fasse la morale. Quel portrait dresse-t-il indirectement d'Élise ? Montrez que cette image concorde mal avec celle de la première scène.

2. Quelles sont, d'après Cléante, les qualités de Mariane ? Cette jeune fille vous semble-t-elle exceptionnelle ? Pourquoi ?

3. Comment vous apparaît, dans cette scène 2, la personnalité de Cléante ?

4. Pourquoi, à votre avis, Élise ne confie-t-elle pas son secret à son frère ?

5. Quel est le portrait d'Harpagon qui se dessine dans les propos de Cléante (sc. 2) ?

6. L'apparition d'Harpagon dans la scène 3 confirme-t-elle ce portrait ? Justifiez votre réponse en citant le texte.

7. Que pensez-vous du rôle de La Flèche dans cette scène ? Montrez, en citant le texte, son habileté à dévoiler le personnage d'Harpagon.

L'EXPRESSION ET LES IDÉES

8. Quelle impression produit l'expression « douce violence » (sc. 2, l. 33) ? Pourquoi ?

9. Transformez en français actuel la tournure « et me dites » (sc. 2, l. 41). Quels changements grammaticaux observez-vous ?

10. Expliquez ces mots de Cléante : « Et que nous servira d'avoir du bien, s'il ne nous vient que dans le temps que nous ne serons plus dans le bel âge d'en jouir » (sc. 2, l. 78 à 80).

LE COMIQUE

11. En quoi le ton de la scène 3 contraste-t-il avec celui des scènes 1 et 2 ?

12. À quels moments rions-nous dans la scène 3 ? Quels sont les procédés utilisés par Molière pour faire rire les spectateurs ?

SCÈNE 4. HARPAGON, ÉLISE, CLÉANTE.

HARPAGON.   Certes ce n'est pas une petite peine que de garder chez soi une grande somme d'argent, et bien heureux qui a tout son fait[1] bien placé et ne conserve seulement que ce qu'il faut pour sa dépense. On n'est
5 pas peu embarrassé à inventer dans toute une maison une cache fidèle : car, pour moi, les coffres-forts me sont suspects, et je ne veux jamais m'y fier. Je les tiens[2] justement une franche amorce à voleurs, et c'est toujours la première chose que l'on va attaquer. Cependant, je
10 ne sais si j'aurai bien fait d'avoir enterré dans mon jardin dix mille écus qu'on me rendit hier[3]. Dix mille écus en or chez soi est une somme assez... *(Ici le frère et la sœur paraissent, s'entretenant[4] bas.)* Ô ciel ! je me serai trahi moi-même. La chaleur m'aura emporté,
15 et je crois que j'ai parlé haut en raisonnant tout seul... Qu'est-ce ?

CLÉANTE.   Rien, mon père.

HARPAGON.   Y a-t-il longtemps que vous êtes là ?

ÉLISE.   Nous ne venons que d'arriver.

20 HARPAGON.   Vous avez entendu...

CLÉANTE.   Quoi, mon père ?

HARPAGON.   Là...

ÉLISE.   Quoi ?

---

1. *Son fait :* sa fortune.
2. *Je les tiens :* je les considère.
3. *Dix mille écus qu'on me rendit hier :* Harpagon a récupéré une somme d'argent qu'il avait prêtée à intérêt.
4. *S'entretenant :* se parlant.

HARPAGON.   Ce que je viens de dire.

25 CLÉANTE.   Non.

HARPAGON.   Si fait, si fait[1].

ÉLISE.   Pardonnez-moi.

HARPAGON.   Je vois bien que vous en avez ouï quelques mots. C'est que je m'entretenais en moi-même de la 30 peine qu'il y a aujourd'hui à trouver de l'argent, et je disais qu'il est bien heureux qui[2] peut avoir dix mille écus chez soi.

CLÉANTE.   Nous feignions à[3] vous aborder de peur de vous interrompre.

35 HARPAGON.   Je suis bien aise de vous dire cela, afin que vous n'alliez pas prendre les choses de travers et vous imaginer que je dise que c'est moi qui ai dix mille écus.

CLÉANTE.   Nous n'entrons point dans vos affaires.

40 HARPAGON.   Plût à Dieu que je les eusse, dix mille écus !

CLÉANTE.   Je ne crois pas.

HARPAGON.   Ce serait une bonne affaire pour moi.

ÉLISE.   Ce sont des choses...

45 HARPAGON.   J'en aurais bon besoin.

CLÉANTE.   Je pense que...

HARPAGON.   Cela m'accommoderait fort.

ÉLISE.   Vous êtes...

---

1. *Si fait :* mais si.
2. *Qui :* celui qui.
3. *Nous feignions à :* nous hésitions à.

HARPAGON.   Et je ne me plaindrais pas, comme je fais,
50 que le temps est misérable.

CLÉANTE.   Mon Dieu, mon père, vous n'avez pas lieu
de vous plaindre et l'on sait que vous avez assez[1] de
bien.

HARPAGON.   Comment ! j'ai assez de bien ? Ceux qui
55 le disent en ont menti. Il n'y a rien de plus faux, et
ce sont des coquins qui font courir tous ces bruits-là.

ÉLISE.   Ne vous mettez point en colère.

HARPAGON.   Cela est étrange que mes propres enfants
me trahissent et deviennent mes ennemis.

60 CLÉANTE.   Est-ce être votre ennemi que de dire que
vous avez du bien ?

HARPAGON.   Oui. De pareils discours et les dépenses
que vous faites seront cause qu'un de ces jours on me
viendra chez moi couper la gorge, dans la pensée que
65 je suis tout cousu de pistoles[2].

CLÉANTE.   Quelle grande dépense est-ce que je fais ?

HARPAGON.   Quelle ? Est-il rien de plus scandaleux que
ce somptueux équipage[3] que vous promenez par la
ville ? Je querellais hier votre sœur ; mais c'est encore
70 pis. Voilà qui crie vengeance au ciel ; et, à vous prendre
depuis les pieds jusqu'à la tête, il y aurait là de quoi
faire une bonne constitution[4]. Je vous l'ai dit vingt fois,
mon fils, toutes vos manières me déplaisent fort : vous

---

1. *Assez :* beaucoup.
2. *Pistole :* monnaie valant dix livres.
3. *Équipage :* tenue.
4. *Une bonne constitution :* un bon placement.

75 donnez furieusement dans le marquis[1], et pour aller ainsi vêtu, il faut bien que vous me dérobiez.

CLÉANTE.   Hé ! comment vous dérober ?

HARPAGON.   Que sais-je ? Où pouvez-vous donc prendre de quoi entretenir l'état[2] que vous portez ?

80 CLÉANTE.   Moi, mon père ? C'est que je joue, et, comme je suis fort heureux, je mets sur moi tout l'argent que je gagne.

HARPAGON.   C'est fort mal fait. Si vous êtes heureux au jeu, vous en devriez profiter et mettre à honnête intérêt[3] l'argent que vous gagnez, afin de le trouver un 85 jour... Je voudrais bien savoir, sans parler du reste, à quoi servent tous ces rubans dont vous voilà lardé[4] depuis les pieds jusqu'à la tête, et si une demi-douzaine d'aiguillettes[5] ne suffit pas pour attacher un haut-de-chausses ? Il est bien nécessaire d'employer de l'argent 90 à des perruques, lorsque l'on peut porter des cheveux de son cru[6], qui ne coûtent rien ! Je vais gager[7] qu'en perruques et rubans il y a du moins[8] vingt pistoles ; et vingt pistoles rapportent par année dix-huit livres six sols huit deniers, à ne les placer qu'au denier douze[9].

95 CLÉANTE.   Vous avez raison.

---

1. *Vous donnez furieusement dans le marquis :* vous singez, vous imitez ridiculement les marquis.
2. *L'état :* la toilette.
3. *Mettre à honnête intérêt :* placer dans de bonnes conditions.
4. *Lardé :* couvert.
5. *Aiguillettes :* lacets qui servaient à fermer un vêtement.
6. *Des cheveux de son cru :* sa chevelure naturelle.
7. *Gager :* parier.
8. *Du moins :* au moins.
9. *Denier douze :* 8 % d'intérêt alors que le taux légal était de 5 %.

HARPAGON.   Laissons cela, et parlons d'autre affaire. Euh ? *(Bas, à part.)* Je crois qu'ils se font signe l'un à l'autre de me voler ma bourse. *(Haut.)* Que veulent dire ces gestes-là ?

100 ÉLISE.   Nous marchandons[1], mon frère et moi, à qui parlera le premier, et nous avons tous deux quelque chose à vous dire.

HARPAGON.   Et moi, j'ai quelque chose aussi à vous dire à tous deux.

105 CLÉANTE.   C'est de mariage, mon père, que nous désirons vous parler.

HARPAGON.   Et c'est de mariage aussi que je veux vous entretenir.

ÉLISE.   Ah ! mon père !

110 HARPAGON.   Pourquoi ce cri ? Est-ce le mot, ma fille, ou la chose qui vous fait peur ?

CLÉANTE.   Le mariage peut nous faire peur à tous deux, de la façon que vous pouvez l'entendre[2], et nous craignons que nos sentiments ne soient pas d'accord
115 avec votre choix.

HARPAGON.   Un peu de patience. Ne vous alarmez point. Je sais ce qu'il faut à tous deux, et vous n'aurez ni l'un ni l'autre aucun lieu de vous plaindre de tout ce que je prétends faire. Et, pour commencer par un
120 bout, avez-vous vu, dites-moi, une jeune personne appelée Mariane, qui ne loge pas loin d'ici ?

CLÉANTE.   Oui, mon père.

---

1. *Marchandons :* hésitons à décider.
2. *De la façon ... entendre :* étant donné la conception que vous en avez.

HARPAGON, *à Élise.* Et vous ?

ÉLISE. J'en ai ouï parler.

125 HARPAGON. Comment, mon fils, trouvez-vous cette fille ?

CLÉANTE. Une fort charmante personne.

HARPAGON. Sa physionomie ?

CLÉANTE. Tout honnête et pleine d'esprit.

130 HARPAGON. Son air et sa manière ?

CLÉANTE. Admirables, sans doute.

HARPAGON. Ne croyez-vous pas qu'une fille comme cela mériterait assez que l'on songeât à elle ?

CLÉANTE. Oui, mon père.

135 HARPAGON. Que ce serait un parti souhaitable ?

CLÉANTE. Très souhaitable.

HARPAGON. Qu'elle a toute la mine de faire un bon ménage ?

CLÉANTE. Sans doute[1].

140 HARPAGON. Et qu'un mari aurait satisfaction avec elle ?

CLÉANTE. Assurément.

HARPAGON. Il y a une petite difficulté : c'est que j'ai peur qu'il n'y ai pas avec elle tout le bien qu'on pourrait prétendre.

145 CLÉANTE. Ah ! mon père, le bien[2] n'est pas considérable[3] lorsqu'il est question d'épouser une honnête personne.

---

1. *Sans doute :* sans aucun doute.
2. *Le bien :* la fortune.
3. *N'est pas considérable :* n'est pas important, ne mérite pas d'être considéré.

HARPAGON.   Pardonnez-moi, pardonnez-moi ! Mais ce
qu'il y a à dire, c'est que, si l'on n'y trouve pas tout
150 le bien qu'on souhaite, on peut tâcher de regagner cela
sur autre chose.

CLÉANTE.   Cela s'entend.

HARPAGON.   Enfin je suis bien aise de vous voir dans
mes sentiments, car son maintien honnête[1] et sa douceur
155 m'ont gagné l'âme et je suis résolu de l'épouser, pourvu
que j'y trouve quelque bien.

CLÉANTE.   Euh ?

HARPAGON.   Comment ?

CLÉANTE.   Vous êtes résolu, dites-vous...

160 HARPAGON.   D'épouser Mariane.

CLÉANTE.   Qui ? Vous, vous ?

HARPAGON.   Oui, moi, moi, moi ! Que veut dire cela ?

CLÉANTE.   Il m'a pris tout à coup un éblouissement,
et je me retire d'ici.

165 HARPAGON.   Cela ne sera rien. Allez vite boire dans la
cuisine un grand verre d'eau claire. Voilà de mes
damoiseaux flouets[2] qui n'ont non plus de[3] vigueur que
des poules ! C'est là, ma fille, ce que j'ai résolu pour
moi. Quant à ton frère, je lui destine une certaine veuve
170 dont ce matin on m'est venu parler ; et, pour toi, je
te donne au seigneur Anselme.

ÉLISE.   Au seigneur Anselme ?

HARPAGON.   Oui. Un homme mûr, prudent et sage,

---

1. *Son maintien honnête* : son comportement discret.
2. *Damoiseaux flouets* : jeunes gens mondains d'allure fluette.
3. *N'ont non plus de* : n'ont pas plus de.

qui n'a pas plus de cinquante ans, et dont on vante
175 les grands biens.

ÉLISE, *faisant une révérence.*   Je ne veux point me marier,
mon père, s'il vous plaît.

HARPAGON, *contrefaisant[1] sa révérence.* Et moi, ma petite
fille, ma mie[2], je veux que vous vous mariiez, s'il vous
180 plaît.

ÉLISE.   Je vous demande pardon, mon père.

HARPAGON.   Je vous demande pardon, ma fille.

ÉLISE.   Je suis très humble servante au seigneur Anselme,
mais, avec votre permission, je ne l'épouserai point.

185 HARPAGON.   Je suis votre très humble valet ; mais, avec
votre permission, vous l'épouserez dès ce soir.

ÉLISE.   Dès ce soir ?

HARPAGON.   Dès ce soir.

ÉLISE.   Cela ne sera pas, mon père.

190 HARPAGON.   Cela sera, ma fille.

ÉLISE.   Non.

HARPAGON.   Si.

ÉLISE.   Non, vous dis-je.

HARPAGON.   Si, vous dis-je.

195 ÉLISE.   C'est une chose où vous ne me réduirez point.

HARPAGON.   C'est une chose où je te réduirai.

ÉLISE.   Je me tuerai plutôt que d'épouser un tel mari.

HARPAGON.   Tu ne te tueras point, et tu l'épouseras.

---

1.   *Contrefaisant :* imitant.
2.   *Ma mie :* mon amie (expression familière).

Mais voyez quelle audace ! A-t-on jamais vu une fille
200 parler de la sorte à son père ?

ÉLISE.   Mais a-t-on jamais vu un père marier sa fille de
la sorte ?

HARPAGON.   C'est un parti où il n'y a rien à redire,
et je gage que tout le monde approuvera mon choix.

205 ÉLISE.   Et moi, je gage qu'il ne saurait être approuvé
d'aucune personne raisonnable.

HARPAGON.   Voilà Valère. Veux-tu qu'entre nous deux
nous le fassions juge de cette affaire ?

ÉLISE.   J'y consens.

210 HARPAGON.   Te rendras-tu à son jugement ?

ÉLISE.   Oui. J'en passerai par ce qu'il dira[1].

HARPAGON.   Voilà qui est fait.

SCÈNE 5.   VALÈRE, HARPAGON, ÉLISE.

HARPAGON.   Ici, Valère. Nous t'avons élu pour nous
dire qui a raison de ma fille ou de moi.

VALÈRE.   C'est vous, monsieur, sans contredit[2].

HARPAGON.   Sais-tu bien de quoi nous parlons ?

5 VALÈRE.   Non. Mais vous ne sauriez avoir tort, et vous
êtes toute raison.

HARPAGON.   Je veux ce soir lui donner pour époux un

---

1. *J'en passerai par ce qu'il dira* : je me rangerai à son avis.
2. *Sans contredit* : incontestablement.

homme aussi riche que sage, et la coquine me dit au nez qu'elle se moque de le prendre. Que dis-tu de
10 cela ?

VALÈRE. Ce que j'en dis ?

HARPAGON. Oui.

VALÈRE. Eh ! eh !

HARPAGON. Quoi ?

15 VALÈRE. Je dis que dans le fond je suis de votre sentiment, et que vous ne pouvez pas que vous n'ayez raison[1] ; mais aussi n'a-t-elle pas tort tout à fait, et...

HARPAGON. Comment ! Le seigneur Anselme est un parti considérable, c'est un gentilhomme qui est noble,
20 doux, posé, sage et fort accommodé, et auquel il ne reste aucun enfant de son premier mariage. Saurait-elle mieux rencontrer ?

VALÈRE. Cela est vrai ; mais elle pourrait vous dire que c'est un peu précipiter les choses et qu'il faudrait
25 au moins quelque temps pour voir si son inclination[2] pourra s'accommoder avec...

HARPAGON. C'est une occasion qu'il faut prendre vite aux cheveux. Je trouve ici un avantage qu'ailleurs je ne trouverais pas, et il s'engage à la prendre sans dot...

30 VALÈRE. Sans dot ?

HARPAGON. Oui.

VALÈRE. Ah ! je ne dis plus rien. Voyez-vous, voilà une raison tout à fait convaincante ; il se faut rendre à cela.

---

1. *Vous ... n'ayez raison :* vous ne pouvez pas avoir tort.
2. *Son inclination :* ses sentiments.

35 HARPAGON.   C'est pour moi une épargne considérable.

VALÈRE.   Assurément, cela ne reçoit point[1] de contradiction. Il est vrai que votre fille vous peut représenter[2]
que le mariage est une plus grande affaire qu'on ne
peut croire ; qu'il y va d'être heureux ou malheureux
40 toute sa vie, et qu'un engagement qui doit durer jusqu'à
la mort ne se doit jamais faire qu'avec de grandes
précautions.

HARPAGON.   Sans dot !

VALÈRE.   Vous avez raison. Voilà qui décide tout ; cela
45 s'entend. Il y a des gens qui pourraient vous dire qu'en
de telles occasions l'inclination d'une fille est une chose
sans doute où l'on doit avoir de l'égard, et que cette
grande inégalité d'âge, d'humeur et de sentiments, rend
un mariage sujet à des accidents fâcheux.

50 HARPAGON.   Sans dot !

VALÈRE.   Ah ! il n'y a pas de réplique à cela, on le
sait bien. Qui diantre peut aller là-contre ? Ce n'est pas
qu'il n'y ait quantité de pères qui aimeraient mieux
ménager la satisfaction de leurs filles que l'argent qu'ils
55 pourraient donner ; qui ne les voudraient point sacrifier
à l'intérêt et chercheraient, plus que toute autre chose,
à mettre dans un mariage cette douce conformité qui
sans cesse y maintient l'honneur, la tranquillité et la
joie, et que...

60 HARPAGON.   Sans dot !

VALÈRE.   Il est vrai. Cela ferme la bouche à tout. *Sans
dot !* Le moyen de résister à une raison comme celle-
là !

---

1. *Cela ne reçoit point :* cela n'admet pas.
2. *Représenter :* faire valoir.

HARPAGON, *à part, regardant vers le jardin.* Ouais ! Il
65 me semble que j'entends un chien qui aboie. N'est-ce
point qu'on en voudrait à mon argent ? *(À Valère.)* Ne
bougez, je reviens tout à l'heure. *(Il sort.)*

ÉLISE. Vous moquez-vous, Valère, de lui parler comme
vous faites ?

70 VALÈRE. C'est pour ne point l'aigrir et pour en venir
mieux à bout. Heurter de front ses sentiments est le
moyen de tout gâter, et il y a de certains esprits qu'il
ne faut prendre qu'en biaisant[1], des tempéraments
ennemis de toute résistance, des naturels rétifs[2], que la
75 vérité fait cabrer, qui toujours se raidissent contre le
droit chemin de la raison, et qu'on ne mène qu'en
tournant où l'on veut les conduire. Faites semblant de
consentir à ce qu'il veut, vous en viendrez mieux à vos
fins, et...

80 ÉLISE. Mais ce mariage, Valère ?

VALÈRE. On cherchera des biais pour le rompre.

ÉLISE. Mais quelle invention trouver, s'il se doit conclure
ce soir ?

VALÈRE. Il faut demander un délai et feindre quelque
85 maladie.

ÉLISE. Mais on découvrira la feinte si l'on appelle des
médecins.

VALÈRE. Vous moquez-vous ? Y connaissent-ils quelque
chose ? Allez, allez, vous pourrez avec eux avoir quel
90 mal il vous plaira[3], ils vous trouveront des raisons pour
vous dire d'où cela vient.

---

1. *En biaisant :* en rusant.
2. *Rétifs :* récalcitrants.
3. *Quel mal il vous plaira :* la maladie de votre choix.

HARPAGON, *à part, rentrant.* Ce n'est rien, Dieu merci.

VALÈRE. Enfin notre dernier recours, c'est que la fuite nous peut mettre à couvert de tout ; et, si votre amour,
95 belle Élise, est capable d'une fermeté... *(Il aperçoit Harpagon.)* Oui, il faut qu'une fille obéisse à son père. Il ne faut point qu'elle regarde comme un mari est fait ; et, lorsque la grande raison de *sans dot* s'y rencontre, elle doit être prête à prendre tout ce qu'on
100 lui donne.

HARPAGON. Bon ! Voilà bien parlé, cela.

VALÈRE. Monsieur, je vous demande pardon, si je m'emporte un peu et prends la hardiesse de lui parler comme je fais.

105 HARPAGON. Comment ! J'en suis ravi, et je veux que tu prennes sur elle un pouvoir absolu. Oui, tu as beau fuir, je lui donne l'autorité que le ciel me donne sur toi, et j'entends que tu fasses tout ce qu'il te dira.

VALÈRE. Après cela, résistez à mes remontrances !
110 Monsieur, je vais la suivre pour lui continuer les leçons que je lui faisais.

HARPAGON. Oui, tu m'obligeras. Certes...

VALÈRE. Il est bon de lui tenir un peu la bride haute[1].

HARPAGON. Cela est vrai. Il faut...

115 VALÈRE. Ne vous mettez pas en peine, je crois que j'en viendrai à bout.

HARPAGON. Fais, fais. Je m'en vais faire un petit tour en ville, et reviens tout à l'heure.

VALÈRE. Oui, l'argent est plus précieux que toutes les
120 choses du monde, et vous devez rendre grâces au ciel

---

1. *Lui tenir un peu la bride haute :* ne pas lui laisser trop de liberté.

L'Avare, mis en scène et interprété par Jacques Mauclair
au théâtre du Marais, 1989.

de l'honnête homme de père qu'il vous a donné. Il sait
ce que c'est que de vivre. Lorsqu'on s'offre de prendre
une fille sans dot, on ne doit point regarder plus avant.
Tout est renfermé là-dedans, et *sans dot* tient lieu de
beauté, de jeunesse, de naissance, d'honneur, de sagesse
et de probité[1].

HARPAGON. Ah ! le brave garçon ! Voilà parlé comme
un oracle. Heureux qui peut avoir un domestique de la
sorte.

---

1. *Probité :* honnêteté.

Acte I Scènes 4 et 5

L'ACTION ET LES PERSONNAGES

1. Faites le plan de la scène 4 et donnez un titre expressif à chacune des parties.

2. Pourquoi Harpagon se trouve-t-il en possession d'une grande somme d'argent ? Qu'est-ce que cela nous apprend sur ses activités ? sur sa mentalité ?

3. Quelle est la ruse d'Harpagon dans la scène 4 ? Pourquoi use-t-il de ces procédés pour annoncer son mariage ? Pour quelles raisons veut-il épouser Mariane ? Est-il vraiment amoureux d'elle ?

4. Que nous apprend la fin de la scène 4 sur la condition des jeunes filles et l'autorité paternelle au XVIIe siècle ?

5. Divisez la scène 5 en trois parties. Par quels procédés Molière suggère-t-il ce découpage ?

6. Trouvez-vous qu'Harpagon soit soutenu par Valère dans la scène 5 ? Commentez les propos que Valère tient à Harpagon. Quelle est la tactique du faux intendant ?

LE COMIQUE

7. Quel est, à votre avis, le passage le plus comique de la scène 4 ? S'agit-il d'un comique de caractère, de situation, de gestes, de mots ? Voyez la définition de ces différents types de comique p. 13 et 14.

8. Expliquez pourquoi l'échange de Cléante et Harpagon (l. 125 à 152 de la scène 4) est drôle. De quel type de comique s'agit-il ?

9. Imaginez les mimiques et le ton d'Harpagon chaque fois qu'il répète « sans dot ! » dans la scène 5. À votre avis, sur quel ton Valère reprend-il cette expression ?

L'EXPRESSION ET LES IDÉES

10. Citez un passage de la scène 4 montrant que Molière a l'intention de respecter l'unité de temps (règle consistant à développer l'action de la pièce en moins de vingt-quatre heures).

11. Quelle est la valeur de la conjonction « mais » aux lignes 80, 83, 86 de la scène 5 ? Quels sentiments et traits de caractère traduit-elle chez Élise ?

12. Comment Harpagon justifie-t-il dans la scène 5 le choix d'Anselme pour sa fille ? Que pensez-vous de cette raison ?

Ensemble de l'acte I

1. Quelles questions le spectateur se pose-t-il à la fin de l'acte I ?

2. Toutes les scènes de l'acte I sont-elles indispensables à l'action ? Argumentez votre point de vue.

3. Brossez un bref portrait des principaux personnages présentés au cours de l'acte I. Vers qui va votre sympathie ? Pourquoi ?

4. Pensez-vous que Valère soit un hypocrite ? Relisez les scènes 1 et 5 pour justifier votre opinion.

5. Comparez les deux images de Mariane qui nous sont données dans les scènes 2 et 4.

6. Ce premier acte est-il vraiment comique ? Pourquoi ? Justifiez votre réponse par quelques exemples.

7. Quels sont les différents aspects de l'avarice présentés au cours de l'acte I ? Citez un ou deux passages significatifs.

8. Montrez, en citant le texte, que l'avarice entraîne le mensonge.

9. Comment le mariage est-il présenté dans les scènes 2 et 5 ?

10. Qu'est-ce qu'une dot au XVIIe siècle ? Jusqu'à quelle époque cet usage s'est-il transmis en France ? Reportez-vous aux explications données dans votre dictionnaire ou dans une encyclopédie.

11. Quels sont les thèmes abordés au cours de ces cinq scènes d'exposition ?

12. Molière respecte-t-il la règle de l'unité d'action qui consiste à ne développer qu'une seule intrigue dans une pièce de théâtre ?

13. Où se passe cet acte I ? Reportez-vous aux indications données au début de la pièce. Montrez que ce choix facilite sa mise en scène.

Acte II

SCÈNE PREMIÈRE. CLÉANTE, LA FLÈCHE.

CLÉANTE. Ah ! traître que tu es, où t'es-tu donc allé fourrer ? Ne t'avais-je pas donné ordre... ?

LA FLÈCHE. Oui, monsieur, et je m'étais rendu ici pour vous attendre de pied ferme ; mais monsieur votre père,
5 le plus malgracieux des hommes, m'a chassé dehors malgré moi, et j'ai couru le risque d'être battu.

CLÉANTE. Comment va notre affaire ? Les choses pressent plus que jamais, et, depuis que je ne t'ai vu, j'ai découvert que mon père est mon rival.

10 LA FLÈCHE. Votre père amoureux ?

CLÉANTE. Oui ! et j'ai eu toutes les peines du monde à lui cacher le trouble où cette nouvelle m'a mis.

LA FLÈCHE. Lui, se mêler d'aimer ? De quoi diable s'avise-t-il[1] ? Se moque-t-il du monde ? et l'amour a-t-il
15 été fait pour des gens bâtis comme lui ?

CLÉANTE. Il a fallu, pour mes péchés[2], que cette passion lui soit venue en tête.

LA FLÈCHE. Mais par quelle raison lui faire un mystère de votre amour ?

20 CLÉANTE. Pour lui donner moins de soupçon, et me conserver au besoin des ouvertures[3] plus aisées pour détourner ce mariage. Quelle réponse t'a-t-on faite ?

---

1. *De quoi diable s'avise-t-il ? :* que lui prend-il ?
2. *Pour mes péchés :* en punition de mes péchés.
3. *Ouvertures :* moyens d'action.

LA FLÈCHE. Ma foi, monsieur, ceux qui empruntent sont bien malheureux, et il faut essuyer d'étranges
25 choses lorsqu'on en est réduit à passer, comme vous, par les mains des fesse-mathieux[1].

CLÉANTE. L'affaire ne se fera point ?

LA FLÈCHE. Pardonnez-moi. Notre maître Simon, le courtier[2] qu'on nous a donné, homme agissant[3] et plein
30 de zèle, dit qu'il a fait rage[4] pour vous, et il assure que votre seule physionomie lui a gagné le cœur.

CLÉANTE. J'aurai les quinze mille francs que je demande ?

LA FLÈCHE. Oui, mais à quelques petites conditions
35 qu'il faudra que vous acceptiez, si vous avez dessein que les choses se fassent.

CLÉANTE. T'a-t-il fait parler à celui qui doit prêter l'argent ?

LA FLÈCHE. Ah ! vraiment, cela ne va pas de la sorte.
40 Il apporte encore plus de soin à se cacher que vous, et ce sont des mystères bien plus grands que vous ne pensez. On ne veut point du tout dire son nom, et l'on doit aujourd'hui l'aboucher[5] avec vous dans une maison empruntée, pour être instruit par votre bouche
45 de votre bien et de votre famille ; et je ne doute point que le seul nom de votre père ne rende les choses faciles.

---

1. *Fesse-mathieux* : usuriers, c'est-à-dire hommes qui prêtent de l'argent à intérêt.
2. *Courtier* : intermédiaire entre l'usurier et Cléante.
3. *Agissant* : actif.
4. *A fait rage* : a travaillé avec ardeur.
5. *Aboucher* : mettre en contact.

CLÉANTE.   Et principalement notre mère étant morte, dont on ne peut m'ôter le bien[1].

50 LA FLÈCHE.   Voici quelques articles qu'il a dictés lui-même à notre entremetteur, pour vous être montrés avant que de rien faire[2].

« Supposé que le prêteur voie toutes ses sûretés[3], et que l'emprunteur soit majeur et d'une famille où le
55 bien soit ample, solide, assuré, clair et net de tout embarras[4], on fera une bonne et exacte obligation[5] par-devant un notaire, le plus honnête homme qu'il se pourra, et qui pour cet effet sera choisi par le prêteur, auquel il importe le plus que l'acte soit dûment dressé. »

60 CLÉANTE.   Il n'y a rien à dire à cela.

LA FLÈCHE.   « Le prêteur, pour ne charger sa conscience d'aucun scrupule, prétend ne donner son argent qu'au denier dix-huit[6]. »

CLÉANTE.   Au denier dix-huit ? Parbleu, voilà qui est
65 honnête ! Il n'y a pas lieu de se plaindre.

LA FLÈCHE.   Cela est vrai.

« Mais, comme ledit prêteur n'a pas chez lui la somme dont il est question, et que pour faire plaisir à l'emprunteur il est contraint lui-même de l'emprunter

---

1. *Dont on ne peut m'ôter le bien* : Cléante a hérité de sa mère et Harpagon n'a aucun droit sur cet argent.
2. *Pour vous ... rien faire* : afin qu'ils vous soient montrés avant toute chose.
3. *Voie toutes ses sûretés* : dispose de toutes les garanties.
4. *Net de tout embarras* : sans dette.
5. *Obligation* : liste, inventaire.
6. *Denier dix-huit* : taux d'intérêt d'environ 5,5 %, proche du taux légal de 5 %.

70 d'un autre[1] sur le pied du denier cinq[2], il conviendra
que ledit premier emprunteur paye cet intérêt sans
préjudice du reste, attendu que ce n'est que pour
l'obliger que ledit prêteur s'engage à cet emprunt. »

CLÉANTE.   Comment diable ! Quel Juif, quel Arabe[3]
75 est-ce là ? C'est plus qu'au denier quatre[4].

LA FLÈCHE.   Il est vrai, c'est ce que j'ai dit. Vous avez
à voir[5] là-dessus.

CLÉANTE.   Que veux-tu que je voie ? J'ai besoin d'argent,
et il faut bien que je consente à tout.

80 LA FLÈCHE.   C'est la réponse que j'ai faite.

CLÉANTE.   Il y a encore quelque chose ?

LA FLÈCHE.   Ce n'est plus qu'un petit article.

« Des quinze mille francs qu'on demande, le prêteur
ne pourra compter en argent que douze mille livres, et,
85 pour les mille écus restants, il faudra que l'emprunteur
prenne les hardes, nippes[6] et bijoux dont s'ensuit le
mémoire[7], et que ledit prêteur a mis de bonne foi au
plus modique prix qu'il lui a été possible. »

CLÉANTE.   Que veut dire cela ?

90 LA FLÈCHE.   Écoutez le mémoire. « Premièrement, un

---

1. *D'un autre* : à un autre.
2. *Sur le pied du denier cinq* : à un taux de 20 %.
3. *Quel Juif, quel Arabe* : terme injurieux à l'époque où les non-chrétiens étaient considérés comme des barbares. Beaucoup de juifs étaient alors usuriers, la plupart des autres métiers leur étant interdits.
4. *Denier quatre* : taux d'intérêt de 25 %.
5. *Voir* : réfléchir.
6. *Hardes, nippes* : vêtements.
7. *Dont s'ensuit le mémoire* : dont la liste suit.

lit de quatre pieds[1], à bandes de point de Hongrie[2], appliquées fort proprement[3] sur un drap de couleur d'olive, avec six chaises, et la courtepointe[4] de même, le tout bien conditionné[5] et doublé d'un petit taffetas
95 changeant rouge et bleu. Plus un pavillon à queue[6], d'une bonne serge[7] d'Aumale rose sèche, avec le mollet[8] et les franges de soie. »

CLÉANTE.   Que veut-il que je fasse de cela ?

LA FLÈCHE.   Attendez. « Plus une tenture de tapisserie
100 des *Amours de Gombaud et de Macée*[9]. Plus une grande table de bois de noyer, à douze colonnes ou piliers tournés, qui se tire par les deux bouts, et garnie par le dessous de ses six escabelles[10]. »

CLÉANTE.   Qu'ai-je affaire, morbleu[11] ?

105 LA FLÈCHE.   Donnez-vous patience[12]. « Plus trois gros mousquets[13] tout garnis de nacre de perle, avec les trois fourchettes[14] assortissantes. Plus un fourneau de brique,

---

1.   *Lit de quatre pieds :* lit d'enfant d'environ 1,30 m de long.
2.   *Point de Hongrie :* broderie.
3.   *Fort proprement :* avec élégance.
4.   *Courtepointe :* couvre-pieds.
5.   *Bien conditionné :* en bon état.
6.   *Pavillon à queue :* garniture de lit en forme de tente, fixée au plafond.
7.   *Serge :* tissu de laine.
8.   *Mollet :* bordure.
9.   *Tenture de tapisserie des* Amours de Gombaud et de Macée : tenture représentant une scène campagnarde et poétique.
10.   *Escabelles :* escabeaux.
11.   *Morbleu :* juron (littéralement : « mort de Dieu »).
12.   *Donnez-vous patience :* prenez patience.
13.   *Mousquets :* armes à feu.
14.   *Fourchettes :* petites fourches sur lesquelles les soldats appuyaient le mousquet pour tirer.

avec deux cornues et trois récipients, fort utiles à ceux qui sont curieux de distiller ».

110 CLÉANTE.   J'enrage !

LA FLÈCHE.   Doucement. « Plus un luth[1] de Bologne garni de toutes ses cordes, ou peu s'en faut. Plus un trou-madame[2] et un damier, avec un jeu de l'oie renouvelé des Grecs, fort propres à passer le temps
115 lorsque l'on n'a que faire. Plus une peau d'un lézard de trois pieds et demi remplie de foin, curiosité agréable pour pendre au plancher[3] d'une chambre. Le tout, ci-dessus mentionné, valant loyalement plus de quatre mille cinq cents livres, et rabaissé à la valeur de mille
120 écus par la discrétion[4] du prêteur. »

CLÉANTE.   Que la peste l'étouffe avec sa discrétion, le traître, le bourreau qu'il est ! A-t-on jamais parlé d'une usure semblable ? et n'est-il pas content du furieux[5] intérêt qu'il exige, sans vouloir encore m'obliger à
125 prendre pour trois mille livres les vieux rogatons[6] qu'il ramasse ? Je n'aurai pas deux cents écus de tout cela ; et cependant il faut bien me résoudre à consentir à ce qu'il veut, car il est en état de me faire tout accepter, et il me tient, le scélérat, le poignard sur la gorge.

130 LA FLÈCHE.   Je vous vois, monsieur, ne vous en déplaise, dans le grand chemin justement que tenait Panurge[7]

---

1.   *Luth* : instrument à cordes.
2.   *Trou-madame* : jeu de boules.
3.   *Plancher* : se disait aussi du plafond.
4.   *Discrétion* : modération.
5.   *Furieux* : extravagant.
6.   *Rogatons* : objets sans valeur.
7.   *Panurge* : personnage du livre de Rabelais *Pantagruel* (xvie siècle).

pour se ruiner, prenant argent d'avance, achetant cher,
vendant à bon marché, et mangeant son blé en herbe.

CLÉANTE.   Que veux-tu que j'y fasse ? Voilà où les
135 jeunes gens sont réduits par la maudite avarice des
pères ; et on s'étonne, après cela, que les fils souhaitent
qu'ils meurent.

LA FLÈCHE.   Il faut avouer que le vôtre animerait contre
sa vilanie[1] le plus posé homme du monde. Je n'ai pas,
140 Dieu merci, les inclinations fort patibulaires[2], et, parmi
mes confrères que je vois se mêler de beaucoup de
petits commerces, je sais tirer adroitement mon épingle
du jeu et me démêler prudemment de toutes les
galanteries[3] qui sentent tant soit peu l'échelle[4], mais,
145 à vous dire vrai, il me donnerait, par ses procédés, des
tentations de le voler, et je croirais, en le volant, faire
une action méritoire.

CLÉANTE.   Donne-moi un peu ce mémoire, que je le
voie encore.

---

1. *Vilanie :* avarice.
2. *Inclinations fort patibulaires :* envies de se faire pendre.
3. *Galanteries :* intrigues, fourberies.
4. *L'échelle :* celle que prend le condamné pour monter au gibet.

Acte II Scène 1

L'ACTION ET LES PERSONNAGES

1. L'intérêt majeur de cette scène réside-t-il, d'après vous, dans l'action, les personnages, le thème de l'avarice, le témoignage sur la société du XVIIᵉ siècle, le comique ? Justifiez votre réponse.

2. Donnez un titre significatif à cette scène.

3. Pourquoi Cléante est-il obligé d'emprunter ? Commentez ses paroles : « et on s'étonne, après cela, que les fils souhaitent qu'ils meurent » (l. 136-137).

4. Montrez, en citant le texte, le bon sens que prête Molière à La Flèche.

5. Expliquez pourquoi le prêteur est malhonnête.

L'EXPRESSION ET LES IDÉES

6. Transcrivez en français actuel l'interrogation : « où t'es-tu donc allé fourrer ». Quelle modification apportez-vous à la construction ?

7. Quel est le sens du mot *furieux* à la ligne 123 ? Quel est le sens actuel de cet adjectif ? Essayez d'expliquer cette évolution du sens. Vous vous aiderez d'un dictionnaire dans lequel vous rechercherez l'étymologie du mot.

8. Qu'apprenons-nous sur l'héritage à l'époque de Molière ?

9. Quels sont les préjugés (idées toutes faites) de Cléante à l'égard des Juifs et des Arabes ? Pourquoi doit-on absolument condamner ce genre d'idées ? Pensez-vous que, à notre époque, Molière pourrait faire parler ainsi Cléante ? Pourquoi ? (Voir note 3, p. 58.)

SCÈNE 2. MAÎTRE SIMON, HARPAGON, CLÉANTE, LA FLÈCHE.

MAÎTRE SIMON.   Oui, monsieur, c'est un jeune homme qui a besoin d'argent. Ses affaires le pressent d'en trouver, et il en passera par tout ce que vous en prescrirez.

5 HARPAGON.   Mais croyez-vous, maître Simon, qu'il n'y ait rien à péricliter[1], et savez-vous le nom, les biens et la famille de celui pour qui vous parlez ?

MAÎTRE SIMON.   Non, je ne puis pas bien vous en instruire à fond, et ce n'est que par aventure que l'on
10 m'a adressé à lui ; mais vous serez de toutes choses éclairci par lui-même, et son homme m'a assuré que vous serez content quand vous le connaîtrez. Tout ce que je saurais vous dire, c'est que sa famille est fort riche, qu'il n'a plus de mère déjà, et qu'il s'obligera[2],
15 si vous voulez, que son père mourra avant qu'il soit huit mois.

HARPAGON.   C'est quelque chose que cela. La charité, maître Simon, nous oblige à faire plaisir aux personnes lorsque nous le pouvons.

20 MAÎTRE SIMON.   Cela s'entend[3].

LA FLÈCHE, *bas à Cléante*.   Que veut dire ceci ? Notre maître Simon qui parle à votre père !

CLÉANTE, *bas à La Flèche*.   Lui aurait-on appris qui je suis ? et serais-tu pour nous trahir ?

---

1. *Rien à péricliter* : rien à craindre.
2. *Il s'obligera* : il s'engagera à.
3. *Cela s'entend* : c'est évident.

25   MAÎTRE SIMON.   Ah ! ah ! vous êtes bien pressés ! Qui vous a dit que c'était céans[1] ? *(À Harpagon.)* Ce n'est pas moi, monsieur, au moins, qui leur ai découvert votre nom et votre logis. Mais, à mon avis, il n'y a pas grand mal à cela : ce sont des personnes discrètes,
30   et vous pouvez ici vous expliquer ensemble.

HARPAGON.   Comment ?

MAÎTRE SIMON.   Monsieur est la personne qui veut vous emprunter les quinze mille livres dont je vous ai parlé.

35   HARPAGON.   Comment ! pendard, c'est toi qui t'abandonnes à ces coupables extrémités !

CLÉANTE.   Comment ! mon père, c'est vous qui vous portez à ces honteuses actions !
(Maître Simon et La Flèche sortent.)

HARPAGON.   C'est toi qui te veux ruiner par des
40   emprunts si condamnables !

CLÉANTE.   C'est vous qui cherchez à vous enrichir par des usures si criminelles !

HARPAGON.   Oses-tu bien, après cela, paraître devant moi ?

45   CLÉANTE.   Osez-vous bien, après cela, vous présenter aux yeux du monde ?

HARPAGON.   N'as-tu point de honte, dis-moi, d'en venir à ces débauches-là, de te précipiter dans des dépenses effroyables et de faire une honteuse dissipation du bien
50   que tes parents t'ont amassé avec tant de sueurs ?

---

1.   *Céans :* ici, dans cette maison.

CLÉANTE.　Ne rougissez-vous point de déshonorer votre condition[1] par les commerces que vous faites, de sacrifier gloire[2] et réputation au désir insatiable d'entasser écu sur écu et de renchérir, en fait d'intérêts, sur les plus
55 infâmes subtilités qu'aient jamais inventées les plus célèbres usuriers ?

HARPAGON.　Ôte-toi de mes yeux, coquin, ôte-toi de mes yeux !

CLÉANTE.　Qui est plus criminel, à votre avis, ou celui
60 qui achète un argent dont il a besoin, ou bien celui qui vole un argent dont il n'a que faire ?

HARPAGON.　Retire-toi, te dis-je, et ne m'échauffe pas les oreilles. *(Seul.)* Je ne suis pas fâché de cette aventure, et ce m'est un avis de tenir l'œil plus que jamais sur
65 toutes ses actions.

SCÈNE 3.　FROSINE, HARPAGON.

FROSINE.　Monsieur...

HARPAGON.　Attendez un moment. Je vais revenir vous parler. *(À part.)* Il est à propos que je fasse un petit tour à mon argent.

---

1. *Condition :* classe sociale.
2. *Gloire :* honneur.

SCÈNE 4. LA FLÈCHE, FROSINE.

LA FLÈCHE. L'aventure est tout à fait drôle. Il faut bien qu'il ait quelque part un ample magasin de hardes, car nous n'avons rien reconnu au mémoire que nous avons.

5 FROSINE. Hé ! c'est toi, mon pauvre La Flèche ! D'où vient cette rencontre ?

LA FLÈCHE. Ah ! ah ! c'est toi, Frosine ! Que viens-tu faire ici ?

FROSINE. Ce que je fais partout ailleurs : m'entremettre
10 d'affaires[1], me rendre serviable aux gens et profiter du mieux qu'il m'est possible des petits talents que je puis avoir. Tu sais que dans ce monde il faut vivre d'adresse, et qu'aux personnes comme moi le ciel n'a donné d'autres rentes que l'intrigue et que l'industrie[2].

15 LA FLÈCHE. As-tu quelque négoce[3] avec le patron du logis ?

FROSINE. Oui, je traite pour lui quelque petite affaire dont j'espère récompense.

LA FLÈCHE. De lui ? Ah ! ma foi, tu seras bien fine si
20 tu en tires quelque chose, et je te donne avis que l'argent céans est fort cher.

FROSINE. Il y a de certains services qui touchent merveilleusement[4].

---

1. *M'entremettre d'affaires :* faire se rencontrer deux personnes qui désirent faire affaire ensemble.
2. *Industrie :* ruse, habileté.
3. *Négoce :* affaire.
4. *Touchent merveilleusement :* sont très bien payés.

LA FLÈCHE. Je suis votre valet[1], et tu ne connais pas
25 encore le seigneur Harpagon. Le seigneur Harpagon est
de tous les humains l'humain le moins humain, le
mortel de tous les mortels le plus dur et le plus serré[2].
Il n'est point de service qui pousse sa reconnaissance
jusqu'à lui faire ouvrir les mains. De la louange, de
30 l'estime, de la bienveillance en paroles et de l'amitié,
tant qu'il vous plaira ; mais de l'argent, point d'affaires[3].
Il n'est rien de plus sec et de plus aride que ses bonnes
grâces et ses caresses, et *donner* est un mot pour qui il
a tant d'aversion qu'il ne dit jamais : *Je vous donne*,
35 mais : *Je vous prête le bonjour.*

FROSINE. Mon Dieu, je sais l'art de traire les hommes[4].
J'ai le secret de m'ouvrir leur tendresse, de chatouiller
leurs cœurs, de trouver les endroits par où ils sont
sensibles.

40 LA FLÈCHE. Bagatelles ici ! Je te défie d'attendrir, du
côté de l'argent, l'homme dont il est question. Il est
Turc[5] là-dessus, mais d'une turquerie à désespérer tout
le monde ; et l'on pourrait crever qu'il n'en branlerait[6]
pas. En un mot, il aime l'argent plus que réputation,
45 qu'honneur et que vertu, et la vue d'un demandeur lui
donne des convulsions. C'est le frapper par son endroit
mortel, c'est lui percer le cœur, c'est lui arracher les
entrailles ; et si... Mais il revient, je me retire.

---

1. *Je suis votre valet :* expression courtoise signifiant qu'on est prêt
à rendre service à quelqu'un.
2. *Serré :* strict.
3. *Point d'affaires :* pas un sou.
4. *Traire les hommes :* leur soutirer de l'argent.
5. *Il est Turc :* il est insensible. À l'époque, les Turcs étaient considérés
comme des hommes particulièrement cruels.
6. *Branlerait :* bougerait.

Acte II Scènes 2 à 4

L'ACTION ET LES PERSONNAGES

1. Expliquez pourquoi et comment la scène 2 fait avancer l'action.

2. Qui est maître Simon (sc. 2) ?

3. Expliquez pourquoi, dans la scène 2, le fossé se creuse entre le père et le fils. Que se reprochent-ils ?

4. Qui est Frosine ? Quelles sont ses activités ? Pourquoi Molière laisse-t-il planer le doute sur les affaires qu'elle traite avec Harpagon ?

LE COMIQUE

5. La levée des masques dans la scène 2 a-t-elle une valeur comique ou dramatique ? Expliquez votre point de vue.

6. Relevez les passages caractéristiques du comique de mots dans la scène 2.

L'EXPRESSION ET LES IDÉES

7. Relevez dans la scène 2 quelques mots appartenant au vocabulaire de la morale : à quelle attitude Molière engage-t-il le spectateur ?

8. Expliquez la phrase de La Flèche (sc. 4, l. 25-26) : « Le seigneur Harpagon est de tous les humains l'humain le moins humain. » Montrez que ces mots sont à la fois comiques et terrifiants.

9. Relevez dans la même scène un préjugé dans les paroles de La Flèche.

10. À quoi sert la scène 3, selon vous ?

SCÈNE 5. HARPAGON, FROSINE.

HARPAGON, *bas.* Tout va comme il faut. *(Haut.)* Hé bien ! qu'est-ce, Frosine ?

FROSINE. Ah ! mon Dieu ! que vous vous portez bien ! et que vous avez là un vrai visage de santé !

5 HARPAGON. Qui ? moi ?

FROSINE. Jamais je ne vous vis un teint si frais et si gaillard.

HARPAGON. Tout de bon ?

FROSINE. Comment ! vous n'avez de votre vie été si
10 jeune que vous êtes, et je vois des gens de vingt-cinq ans qui sont plus vieux que vous.

HARPAGON. Cependant, Frosine, j'en ai soixante bien comptés.

FROSINE. Hé bien ! qu'est-ce que cela, soixante ans ?
15 Voilà bien de quoi[1]. C'est la fleur de l'âge, cela, et vous entrez maintenant dans la belle saison de l'homme.

HARPAGON. Il est vrai ; mais vingt années de moins pourtant ne me feraient point de mal, que je crois.

FROSINE. Vous moquez-vous ? Vous n'avez pas besoin
20 de cela, et vous êtes d'une pâte à vivre jusques à cent ans.

HARPAGON. Tu le crois ?

FROSINE. Assurément. Vous en avez toutes les marques. Tenez-vous un peu. Ô que voilà bien là, entre vos deux
25 yeux, un signe de longue vie !

HARPAGON. Tu te connais à cela ?

---

1. *Voilà bien de quoi :* il n'y a pas de quoi s'inquiéter.

FROSINE.   Sans doute. Montrez-moi votre main. Ah !
mon Dieu ! quelle ligne de vie !

HARPAGON.   Comment ?

30 FROSINE.   Ne voyez-vous pas jusqu'où va cette ligne-
là ?

HARPAGON.   Hé bien ! qu'est-ce que cela veut dire ?

FROSINE.   Par ma foi, je disais cent ans, mais vous
passerez les six-vingts[1].

35 HARPAGON.   Est-il possible ?

FROSINE.   Il faudra vous assommer, vous dis-je, et vous
mettrez en terre et vos enfants et les enfants de vos
enfants.

HARPAGON.   Tant mieux ! Comment va notre affaire ?

40 FROSINE.   Faut-il le demander ? et me voit-on mêler de
rien[2] dont je ne vienne à bout ? J'ai surtout pour les
mariages un talent merveilleux. Il n'est point de parti
au monde que je ne trouve en peu de temps le moyen
d'accoupler, et je crois, si je me l'étais mis en tête, que
45 je marierais le Grand Turc avec la République de
Venise[3]. Il n'y avait pas sans doute de si grandes
difficultés à cette affaire-ci. Comme j'ai commerce chez
elles[4], je les ai à fond l'une et l'autre entretenues de
vous, et j'ai dit à la mère le dessein[5] que vous aviez
50 conçu pour Mariane, à la voir passer dans la rue et
prendre l'air à sa fenêtre.

---

1. *Six-vingts :* six fois vingt ans.
2. *Mêler de rien :* me mêler de quoi que ce soit.
3. *La République de Venise :* ennemie jurée des Turcs.
4. *J'ai commerce chez elles :* je suis en relation avec elles.
5. *Dessein :* projet (de mariage).

HARPAGON. Qui a fait réponse...

FROSINE. Elle a reçu la proposition avec joie ; et, quand je lui ai témoigné que vous souhaitiez fort que sa fille
55 assistât ce soir au contrat de mariage qui se doit faire de la vôtre, elle y a consenti sans peine et me l'a confiée pour cela.

HARPAGON. C'est que je suis obligé, Frosine, de donner à souper au seigneur Anselme, et je serai bien aise
60 qu'elle soit du régal[1].

FROSINE. Vous avez raison. Elle doit, après dîner, rendre visite à votre fille, d'où elle fait son compte d'aller[2] faire un tour à la foire, pour venir ensuite au souper[3].

65 HARPAGON. Eh bien ! elles iront ensemble dans mon carrosse que je leur prêterai.

FROSINE. Voilà justement son affaire.

HARPAGON. Mais, Frosine, as-tu entretenu la mère touchant le bien qu'elle peut donner à sa fille ? Lui as-
70 tu dit qu'il fallait qu'elle s'aidât un peu, qu'elle fît quelque effort, qu'elle se saignât pour une occasion comme celle-ci ? Car encore n'épouse-t-on point une fille sans qu'elle apporte quelque chose.

FROSINE. Comment ! c'est une fille qui vous apportera
75 douze mille livres de rente.

HARPAGON. Douze mille livres de rente ?

FROSINE. Oui. Premièrement, elle est nourrie et élevée dans une grande épargne de bouche[4]. C'est une fille

---

1. *Régal :* festin.
2. *D'où elle fait son compte d'aller :* d'où elle compte aller.
3. *Souper :* repas du soir (voir p. 159).
4. *Épargne de bouche :* économie de nourriture.

accoutumée à vivre de salade, de lait, de fromage et de
80   pommes, et à laquelle par conséquent il ne faudra ni
table bien servie ni consommés exquis, ni orges mondés[1]
perpétuels, ni les autres délicatesses qu'il faudrait pour
une autre femme ; et cela ne va pas à si peu de chose
qu'il ne monte bien tous les ans à trois mille francs
85   pour le moins. Outre cela, elle n'est curieuse[2] que d'une
propreté[3] fort simple, et n'aime point les superbes
habits, ni les riches bijoux, ni les meubles somptueux,
où donnent ses pareilles avec tant de chaleur ; et cet
article-là vaut plus de quatre mille livres par an. De
90   plus, elle a une aversion horrible pour le jeu, ce qui
n'est pas commun aux femmes d'aujourd'hui ; et j'en
sais une de nos quartiers qui a perdu, à trente et
quarante[4], vingt mille francs cette année ! Mais n'en
prenons rien que le quart. Cinq mille francs au jeu par
95   an, et quatre mille francs en habits et bijoux, cela fait
neuf mille livres ; et mille écus que nous mettons pour
la nourriture, ne voilà-t-il pas par année vos douze mille
francs bien comptés ?

HARPAGON.   Oui, cela n'est pas mal ; mais ce compte-
100   là n'est rien de réel.

FROSINE.   Pardonnez-moi. N'est-ce pas quelque chose
de réel que de vous apporter en mariage une grande
sobriété, l'héritage d'un grand amour de simplicité de
parure, et l'acquisition d'un grand fonds de haine pour
105   le jeu ?

---

1. *Orges mondés :* grains d'orge que les coquettes consommaient
pour garder le teint frais.
2. *Curieuse :* soucieuse.
3. *Propreté :* élégance.
4. *Trente et quarante :* jeu de cartes.

HARPAGON. C'est une raillerie que de vouloir me constituer son dot[1] de toutes les dépenses qu'elle ne fera point. Je n'irai pas donner quittance[2] de ce que je ne reçois pas, et il faut bien que je touche quelque
110 chose.

FROSINE. Mon Dieu ! vous toucherez assez, et elles m'ont parlé d'un certain pays où elles ont du bien dont vous serez le maître.

HARPAGON. Il faudra voir cela. Mais Frosine, il y a
115 encore une chose qui m'inquiète. La fille est jeune, comme tu vois, et les jeunes gens d'ordinaire n'aiment que leurs semblables, ne cherchent que leur compagnie. J'ai peur qu'un homme de mon âge ne soit pas de son goût, et que cela ne vienne à produire chez moi certains
120 petits désordres qui ne m'accommoderaient pas[3].

FROSINE. Ah ! que vous la connaissez mal ! C'est encore une particularité que j'avais à vous dire. Elle a une aversion épouvantable pour tous les jeunes gens et n'a de l'amour que pour les vieillards.

125 HARPAGON. Elle ?

FROSINE. Oui, elle. Je voudrais que vous l'eussiez entendue parler là-dessus. Elle ne peut souffrir du tout la vue d'un jeune homme ; mais elle n'est point plus ravie, dit-elle, que lorsqu'elle peut voir un beau vieillard
130 avec une barbe[4] majestueuse. Les plus vieux sont pour elle les plus charmants, et je vous avertis de n'aller pas vous faire plus jeune que vous êtes. Elle veut tout au

---

1. *Dot* : souvent au masculin au XVIIᵉ siècle.
2. *Je n'irai pas donner quittance* : je ne me déclarerai pas quitte.
3. *Qui ne m'accommoderaient pas* : qui ne me conviendraient pas.
4. *Barbe* : désignait alors également les moustaches.

moins qu'on soit sexagénaire ; et il n'y a pas quatre mois encore qu'étant prête[1] d'être mariée, elle rompit
135 tout net le mariage sur ce que son amant[2] fit voir qu'il n'avait que cinquante-six ans, et qu'il ne prit point de lunettes pour signer le contrat.

HARPAGON.   Sur cela seulement ?

FROSINE.   Oui. Elle dit que ce n'est pas contentement
140 pour elle que cinquante-six ans, et surtout elle est pour les nez qui portent des lunettes.

HARPAGON.   Certes, tu me dis là une chose toute nouvelle.

FROSINE.   Cela va plus loin qu'on ne vous peut dire.
145 On lui voit dans sa chambre quelques tableaux et quelques estampes ; mais que pensez-vous que ce soit ? Des Adonis ? des Céphales ? des Pâris et des Apollons[3] ? Non. De beaux portraits de Saturne, du roi Priam, du vieux Nestor, et du bon père Anchise[4], sur les épaules
150 de son fils.

HARPAGON.   Cela est admirable ! Voilà ce que je n'aurais jamais pensé, et je suis bien aise d'apprendre qu'elle est de cette humeur. En effet, si j'avais été femme, je n'aurais point aimé les jeunes hommes.

155 FROSINE.   Je le crois bien. Voilà de belles drogues[5] que des jeunes gens, pour les aimer ! Ce sont de beaux

---

1. *Prête de :* sur le point de.
2. *Amant :* prétendant, amoureux.
3. *Adonis, Céphale, Pâris, Apollon :* dieux et héros célèbres pour leur beauté.
4. *Saturne, Priam, Nestor, Anchise :* dieu et héros célèbres pour leur sagesse due à leur grand âge.
5. *Drogues :* potions au goût désagréable.

morveux, de beaux godelureaux[1], pour donner envie de leur peau ! et je voudrais bien savoir quel ragoût[2] il y a à eux !

160 HARPAGON.   Pour moi, je n'y en comprends point, et je ne sais pas comment il y a des femmes qui les aiment tant.

FROSINE.   Il faut être folle fieffée[3]. Trouver la jeunesse aimable ! Est-ce avoir le sens commun ? Sont-ce des

165 hommes que de jeunes blondins[4] ? et peut-on s'attacher à ces animaux-là ?

HARPAGON.   C'est ce que je dis tous les jours, avec leur ton de poule laitée[5] et leurs trois petits brins de barbe relevés en barbe de chat, leurs perruques d'étoupes[6],

170 leurs hauts-de-chausses tout tombants et leurs estomacs débraillés[7].

FROSINE.   Et cela est bien bâti auprès d'une personne comme vous ! Voilà un homme cela ! Il y a là de quoi satisfaire à la vue, et c'est ainsi qu'il faut être fait et

175 vêtu pour donner de l'amour.

HARPAGON.   Tu me trouves bien ?

FROSINE.   Comment ! vous êtes à ravir, et votre figure est à peindre. Tournez-vous un peu, s'il vous plaît. Il ne se peut pas mieux. Que je vous voie marcher. Voilà

---

1. *Godelureaux* : jeunes gens élégants et prétentieux.
2. *Ragoût* : saveur.
3. *Folle fieffée* : complètement folle.
4. *Blondins* : jeunes gens à la mode portant des perruques blondes.
5. *Poule laitée* : familièrement, poule mouillée.
6. *Étoupe* : filasse de couleur jaune terne.
7. *Estomacs débraillés* : chemise bouffante.

180 un corps taillé, libre et dégagé comme il faut, et qui ne marque aucune incommodité.

HARPAGON.   Je n'en ai pas de grandes, Dieu merci ! Il n'y a que ma fluxion[1] qui me prend de temps en temps.

185 FROSINE.   Cela n'est rien. Votre fluxion ne vous sied[2] point mal, et vous avez grâce à tousser.

HARPAGON.   Dis-moi un peu, Mariane ne m'a-t-elle point encore vu ? n'a-t-elle point pris garde à moi en passant ?

190 FROSINE.   Non. Mais nous nous sommes fort entretenues de vous. Je lui ai fait un portrait de votre personne, et je n'ai pas manqué de lui vanter votre mérite et l'avantage que ce lui serait d'avoir un mari comme vous.

195 HARPAGON.   Tu as bien fait, et je t'en remercie.

FROSINE.   J'aurais, monsieur, une petite prière à vous faire. *(Il prend un air sévère.)* J'ai un procès que je suis sur le point de perdre, faute d'un peu d'argent, et vous pourriez facilement me procurer le gain de ce procès si 200 vous aviez quelque bonté pour moi. Vous ne sauriez croire le plaisir qu'elle aura de vous voir. *(Il prend un air gai.)* Ah ! que vous lui plairez ! et que votre fraise à l'antique[3] fera sur son esprit un effet admirable ! Mais surtout elle sera charmée de votre haut-de-chausses 205 attaché au pourpoint avec des aiguillettes. C'est pour

---

1. *Fluxion :* toux incessante dont Molière, qui tenait le rôle d'Harpagon, souffrait.
2. *Sied :* va, convient.
3. *Fraise à l'antique :* collerette démodée.

la rendre folle de vous, et un amant aiguilleté sera pour elle un ragoût merveilleux[1].

HARPAGON.   Certes, tu me ravis de me dire cela.

FROSINE.   En vérité, monsieur, ce procès m'est d'une
210 conséquence tout à fait grande. *(Il reprend son visage sévère.)* Je suis ruinée si je le perds, et quelque petite assistance me rétablirait mes affaires. Je voudrais que vous eussiez vu le ravissement où elle était à m'entendre parler de vous. *(Il reprend un air gai.)* La joie éclatait
215 dans ses yeux au récit de vos qualités, et je l'ai mise enfin dans une impatience extrême de voir ce mariage entièrement conclu.

HARPAGON.   Tu m'as fait grand plaisir, Frosine, et je t'en ai, je te l'avoue, toutes les obligations du monde.

220 FROSINE.   Je vous prie, monsieur, de me donner le petit secours que je vous demande. *(Il reprend un air sérieux.)* Cela me remettra sur pied, et je vous en serai éternellement obligée.

HARPAGON.   Adieu, je vais achever mes dépêches[2].

225 FROSINE.   Je vous assure, monsieur, que vous ne sauriez jamais me soulager dans un plus grand besoin.

HARPAGON.   Je mettrai ordre que mon carrosse soit tout prêt pour vous mener à la foire.

FROSINE.   Je ne vous importunerais pas si je ne m'y
230 voyais forcée par la nécessité.

HARPAGON.   Et j'aurai soin qu'on soupe de bonne heure pour ne vous point faire malades.

FROSINE.   Ne me refusez pas la grâce dont je vous

---

1. *Sera ... merveilleux :* sera pour elle d'un charme inouï.
2. *Dépêches :* lettres d'affaires.

L'Avare au T.N.P. de Villeurbanne,
dans une mise en scène de Roger Planchon,
avec Michel Serrault (Harpagon), 1986.

sollicite. Vous ne sauriez croire, monsieur, le plaisir
235 que...

HARPAGON. Je m'en vais. Voilà qu'on m'appelle.
Jusqu'à tantôt.

FROSINE, *seule.* Que la fièvre te serre[1], chien de vilain,
à tous les diables ! Le ladre a été ferme à toutes mes
240 attaques ; mais il ne me faut pas pourtant quitter la
négociation, et j'ai l'autre côté[2], en tout cas, d'où je
suis assurée de tirer bonne récompense.

---

1. *Serre :* étrangle.
2. *J'ai l'autre côté :* j'ai d'autres cartes à jouer.

Acte II Scène 5

L'ACTION ET LES PERSONNAGES

1. Quel est le plan de cette scène ? Justifiez sa longueur. Qu'apporte-t-elle à l'étude de caractère ? Quel est son intérêt dramatique ? Pourquoi est-elle comique ?

2. Cette scène fait-elle avancer l'action ou bien sert-elle simplement à divertir les spectateurs ? Argumentez votre point de vue.

3. Quel est le rôle de Frosine dans cette scène ? Qu'espère-t-elle ? Comment expliquez-vous son échec ?

4. Quel âge a Harpagon ? Pourquoi, à votre avis, se montre-t-il aussi crédule face aux flatteries de Frosine dans la première partie de la scène ? Le croyez-vous naïf ?

LES THÈMES DE LA SCÈNE

5. L'avarice : que pensez-vous des calculs de Frosine ? Mariane apportera-t-elle effectivement 12 000 livres de rentes à son mari ? Harpagon est-il dupe des comptes de Frosine ? Justifiez vos réponses en citant le texte.

6. Comment Frosine et Harpagon parlent-ils de la jeunesse ? Recherchez les expressions employées pour la critiquer et flatter la vieillesse.

LE COMIQUE

7. Relevez les principaux arguments de Frosine en faveur du mariage d'Harpagon et de Mariane. Pourquoi sont-ils drôles ?

8. Citez quelques jeux de scène particulièrement comiques, et imaginez ceux d'Harpagon lorsque Frosine flatte son physique.

L'EXPRESSION

9. Relevez dans la tirade de Frosine (l. 77 à 98) les mots de liaison assurant l'unité de l'argumentation.

10. Le langage de Frosine est-il recherché ou pauvre ? Citez le texte dans votre réponse. Que pouvons-nous en déduire ?

Ensemble de l'acte II

1. Quelle est, à votre avis, la scène la plus importante de l'acte II ? Justifiez votre position.

2. Faites l'inventaire des principaux événements survenus au cours de cet acte. Classez-les par thèmes.

3. Relevez tous les procédés comiques utilisés par Molière dans l'acte II. Vous citerez un exemple pour chacun d'entre eux.

4. Par quels procédés Molière ménage-t-il le suspense ?

5. Comment imaginez-vous Mariane ? Pourquoi Molière retarde-t-il son entrée en scène ?

6. Complétez le portrait d'Harpagon : quels traits de son caractère découvrons-nous ? Pourquoi veut-il épouser Mariane ? Le trouvez-vous attendrissant ou non ? Développez votre point de vue.

7. En vous appuyant sur l'ensemble des informations données dans l'acte II, décrivez quelques aspects de la société du XVIIe siècle : le mariage, l'autorité du père sur ses enfants, la dépendance ou l'indépendance financière des jeunes, etc. Cette société vous semble-t-elle très différente de la nôtre ? Trouvez-vous des ressemblances ? Lesquelles ?

8. *L'Avare* se déroule dans le milieu de la bourgeoisie : en relisant l'acte II, relevez quelques caractéristiques de cette classe sociale au XVIIe siècle.

Acte III

SCÈNE PREMIÈRE. HARPAGON, CLÉANTE, ÉLISE, VALÈRE, DAME CLAUDE, MAÎTRE JACQUES, BRINDAVOINE, LA MERLUCHE.

HARPAGON.   Allons, venez çà tous, que je vous distribue mes ordres pour tantôt et règle à chacun son emploi. Approchez, dame Claude. Commençons par vous. *(Elle tient un balai.)* Bon, vous voilà les armes à la main. Je
5 vous commets au soin de[1] nettoyer partout, et surtout prenez garde de ne point frotter les meubles trop fort, de peur de les user. Outre cela, je vous constitue, pendant le souper, au gouvernement des bouteilles[2] ; et, s'il s'en écarte quelqu'une et qu'il se casse quelque
10 chose, je m'en prendrai à vous et le rabattrai sur[3] vos gages.

MAÎTRE JACQUES, *à part.*   Châtiment politique[4].

HARPAGON.   Allez... Vous, Brindavoine, et vous, La Merluche, je vous établis dans la charge de rincer les
15 verres et de donner à boire, mais seulement lorsque l'on aura soif, et non pas selon la coutume de certains impertinents de laquais qui viennent provoquer les gens et les faire aviser de[5] boire lorsqu'on n'y songe pas.

---

1. *Je vous commets au soin de :* je vous charge de.
2. *Je vous constitue ... au gouvernement des bouteilles :* je vous nomme responsable des boissons.
3. *Rabattrai sur :* retrancherai sur.
4. *Politique :* habile et profitable.
5. *Les faire aviser de :* les pousser à, les inciter à.

Attendez qu'on vous en demande plus d'une fois, et
20 vous ressouvenez de porter toujours beaucoup d'eau.

MAÎTRE JACQUES, *à part.* Oui ; le vin pur monte à la
tête.

LA MERLUCHE. Quitterons-nous nos siquenilles[1], monsieur ?

25 HARPAGON. Oui, quand vous verrez venir les personnes ; et gardez bien de gâter vos habits.

BRINDAVOINE. Vous savez bien, monsieur, qu'un des
devants de mon pourpoint[2] est couvert d'une grande
tache de l'huile de la lampe.

30 LA MERLUCHE. Et, moi, monsieur, que j'ai mon haut-
de-chausses tout troué par-derrière, et qu'on me voit,
révérence parler[3]...

HARPAGON. Paix ! Rangez cela adroitement du côté
de la muraille, et présentez toujours le devant au monde.
35 *(Harpagon met son chapeau au-devant de son pourpoint pour
montrer à Brindavoine comment il doit faire pour cacher la
tache d'huile.)* Et vous, tenez toujours votre chapeau
ainsi, lorsque vous servirez. *(S'adressant à Élise.)* Pour
vous, ma fille, vous aurez l'œil sur ce que l'on desservira,
40 et prendrez garde qu'il ne s'en fasse aucun dégât. Cela
sied bien aux filles. Mais cependant préparez-vous à
bien recevoir ma maîtresse[4], qui vous doit venir visiter
et vous mener avec elle à la foire. Entendez-vous ce
que je vous dis ?

45 ÉLISE. Oui, mon père.

---

1. *Siquenilles :* vêtement protégeant la livrée des valets.
2. *Pourpoint :* vêtement couvrant le corps du cou à la ceinture.
3. *Révérence parler :* si j'ose dire.
4. *Ma maîtresse :* celle que j'aime.

HARPAGON.   Et vous, mon fils, le damoiseau, à qui j'ai la bonté de pardonner l'histoire de tantôt, ne vous allez pas aviser non plus de lui faire mauvais visage.

CLÉANTE.   Moi, mon père ? mauvais visage ? Et par
50 quelle raison ?

HARPAGON.   Mon Dieu, nous savons le train[1] des enfants dont les pères se remarient, et de quel œil ils ont coutume de regarder ce qu'on appelle belle-mère. Mais, si vous souhaitez que je perde le souvenir de
55 votre dernière fredaine[2], je vous recommande surtout de régaler[3] d'un bon visage cette personne-là, et de lui faire enfin tout le meilleur accueil qu'il vous sera possible.

CLÉANTE.   À vous dire le vrai, mon père, je ne puis
60 pas vous promettre d'être bien aise qu'elle devienne ma belle-mère. Je mentirais si je vous le disais ; mais pour ce qui est de la bien recevoir et de lui faire bon visage, je vous promets de vous obéir ponctuellement sur ce chapitre.

65 HARPAGON.   Prenez-y garde au moins.

CLÉANTE.   Vous verrez que vous n'aurez pas sujet de vous en plaindre.

HARPAGON.   Vous ferez sagement. Valère, aide-moi à ceci. Oh çà, maître Jacques, approchez-vous ; je vous ai
70 gardé pour le dernier.

MAÎTRE JACQUES.   Est-ce à votre cocher, monsieur, ou bien à votre cuisinier que vous voulez parler ? car je suis l'un et l'autre.

---

1. *Le train :* la façon d'agir.
2. *Fredaine :* écart de conduite.
3. *Régaler :* présenter.

HARPAGON.   C'est à tous les deux.

75 MAÎTRE JACQUES.   Mais à qui des deux le premier ?

HARPAGON.   Au cuisinier.

MAÎTRE JACQUES.   Attendez donc, s'il vous plaît.
(Il ôte sa casaque de cocher et paraît vêtu en cuisinier.)

HARPAGON.   Quelle diantre de cérémonie est-ce là ?

MAÎTRE JACQUES.   Vous n'avez qu'à parler.

80 HARPAGON.   Je me suis engagé, maître Jacques, à donner ce soir à souper.

MAÎTRE JACQUES.   Grande merveille !

HARPAGON.   Dis-moi un peu, nous feras-tu bonne chère[1] ?

85 MAÎTRE JACQUES.   Oui, si vous me donnez bien de l'argent.

HARPAGON.   Que diable ! toujours de l'argent ! Il semble qu'ils n'aient autre chose à dire : de l'argent, de l'argent, de l'argent ! Ah ! ils n'ont que ce mot à la bouche, de
90 l'argent ! Toujours parler d'argent ! Voilà leur épée de chevet[2], de l'argent !

VALÈRE.   Je n'ai jamais vu de réponse plus impertinente que celle-là. Voilà une belle merveille que de faire bonne chère avec bien de l'argent ! C'est une chose la plus
95 aisée du monde, et il n'y a si pauvre esprit qui n'en fît bien autant ; mais, pour agir en habile homme, il faut parler de faire bonne chère avec peu d'argent.

MAÎTRE JACQUES.   Bonne chère avec peu d'argent ?

VALÈRE.   Oui.

---

1. *Bonne chère :* un bon repas.
2. *Leur épée de chevet :* leur éternel argument.

100 MAÎTRE JACQUES.   Par ma foi, monsieur l'intendant, vous nous obligerez[1] de nous faire voir ce secret, et de prendre mon office de cuisinier : aussi bien vous mêlez-vous céans d'être le factoton[2].

HARPAGON.   Taisez-vous. Qu'est-ce qu'il nous faudra ?

105 MAÎTRE JACQUES.   Voilà monsieur votre intendant qui vous fera bonne chère pour peu d'argent.

HARPAGON.   Haye ! Je veux que tu me répondes.

MAÎTRE JACQUES.   Combien serez-vous de gens à table ?

HARPAGON.   Nous serons huit ou dix ; mais il ne faut 110 prendre que huit. Quand il y a à manger pour huit, il y en a bien pour dix.

VALÈRE.   Cela s'entend.

MAÎTRE JACQUES.   Eh bien, il faudra quatre grands potages[3] et cinq assiettes[4]. Potages... Entrées...

115 HARPAGON.   Que diable ! voilà pour traiter[5] toute une ville entière !

MAÎTRE JACQUES.   Rôt...

HARPAGON, *en lui mettant la main sur la bouche.*   Ah ! traître, tu manges tout mon bien !

120 MAÎTRE JACQUES.   Entremets...

HARPAGON.   Encore ?

VALÈRE.   Est-ce que vous avez envie de faire crever[6] tout le monde ? et monsieur a-t-il invité des gens pour

---

1. *Vous nous obligerez* : vous nous rendrez service.
2. *Factoton* : homme à tout faire.
3. *Potages* : plats de viandes et de volailles cuites au pot.
4. *Assiettes* : assiettes garnies de mets.
5. *Traiter* : nourrir.
6. *Crever* : éclater d'indigestion.

les assassiner à force de mangeaille ? Allez-vous-en lire
125 un peu les préceptes de la santé et demander aux
médecins s'il y a rien de plus préjudiciable à[1] l'homme
que de manger avec excès.

HARPAGON.   Il a raison.

VALÈRE.   Apprenez, maître Jacques, vous et vos pareils,
130 que c'est un coupe-gorge qu'une table remplie de trop
de viandes[2], que, pour se bien montrer ami de ceux
que l'on invite, il faut que la frugalité règne dans les
repas qu'on donne, et que, suivant le dire d'un ancien,
il faut manger pour vivre, et non pas vivre pour manger.

135 HARPAGON.   Ah ! que cela est bien dit ! Approche, que
je t'embrasse pour ce mot. Voilà la plus belle sentence
que j'aie entendue de ma vie. *Il faut vivre pour manger,*
et non pas manger pour vi... Non, ce n'est pas cela.
Comment est-ce que tu dis ?

140 VALÈRE.   *Qu'il faut manger pour vivre, et non pas vivre*
pour manger.

HARPAGON.   Oui. Entends-tu ? Qui est le grand homme
qui a dit cela ?

VALÈRE.   Je ne me souviens pas maintenant de son
145 nom.

HARPAGON.   Souviens-toi de m'écrire ces mots. Je les
veux faire graver en lettres d'or sur la cheminée de ma
salle.

VALÈRE.   Je n'y manquerai pas. Et, pour votre souper,
150 vous n'avez qu'à me laisser faire. Je réglerai tout cela
comme il faut.

---

1. *Préjudiciable à :* mauvais pour.
2. *Viandes :* les aliments en général.

HARPAGON.   Fais donc.

MAÎTRE JACQUES.   Tant mieux, j'en aurai moins de peine.

155 HARPAGON.   Il faudra de ces choses dont on ne mange guère, et qui rassasient d'abord[1] : quelque bon haricot[2] bien gras, avec quelque pâté en pot bien garni de marrons. Là, que cela foisonne.

VALÈRE.   Reposez-vous sur moi.

160 HARPAGON.   Maintenant, maître Jacques, il faut nettoyer mon carrosse.

MAÎTRE JACQUES.   Attendez. Ceci s'adresse au cocher. *(Il remet sa casaque.)* Vous dites...

HARPAGON.   Qu'il faut nettoyer mon carrosse, et tenir 165 mes chevaux tout prêts pour conduire à la foire.

MAÎTRE JACQUES.   Vos chevaux, monsieur ? Ma foi, ils ne sont point du tout en état de marcher. Je ne vous dirai point qu'ils sont sur la litière : les pauvres bêtes n'en ont point, et ce serait fort mal parler ; mais vous 170 leur faites observer des jeûnes si austères que ce ne sont plus rien que des idées ou des fantômes, des façons[3] de chevaux.

HARPAGON.   Les voilà bien malades, ils ne font rien !

MAÎTRE JACQUES.   Et, pour ne faire rien, monsieur, est- 175 ce qu'il ne faut rien manger ? Il leur vaudrait bien mieux, les pauvres animaux, de travailler beaucoup, de manger de même. Cela me fend le cœur de les voir ainsi exténués, car enfin j'ai une tendresse pour mes

---

1. *D'abord :* tout de suite.
2. *Haricot :* haricot de mouton (mets très nourrissant).
3. *Façons :* apparences.

180 chevaux, qu'il me semble que c'est moi-même, quand
je les vois pâtir ; je m'ôte tous les jours pour eux les
choses de la bouche, et c'est être, monsieur, d'un naturel
trop dur que de n'avoir nulle pitié de son prochain.

HARPAGON.   Le travail ne sera pas grand d'aller jusqu'à
la foire.

185 MAÎTRE JACQUES.   Non, monsieur, je n'ai pas le courage
de les mener, et je ferais conscience[1] de leur donner
des coups de fouet en l'état où ils sont. Comment
voudriez-vous qu'ils traînassent un carrosse, qu'ils[2] ne
peuvent pas se traîner eux-mêmes ?

190 VALÈRE.   Monsieur, j'obligerai le voisin le Picard à se
charger de les conduire : aussi bien nous fera-t-il ici
besoin[3] pour apprêter le souper.

MAÎTRE JACQUES.   Soit. J'aime mieux encore qu'ils
meurent sous la main d'un autre que sous la mienne.

195 VALÈRE.   Maître Jacques fait bien le raisonnable[4].

MAÎTRE JACQUES.   Monsieur l'intendant fait bien le
nécessaire.

HARPAGON.   Paix !

MAÎTRE JACQUES.   Monsieur, je ne saurais souffrir[5] les
200 flatteurs ; et je vois que ce qu'il en fait, que ses contrôles
perpétuels sur le pain et le vin, le bois, le sel et la
chandelle, ne sont rien que pour vous gratter[6] et vous
faire sa cour[7]. J'enrage de cela, et je suis fâché tous les

---

1. *Je ferais conscience* : j'aurais mauvaise conscience.
2. *Qu'ils* : alors qu'ils.
3. *Nous fera-t-il ici besoin* : nous sera-t-il utile ici.
4. *Raisonnable* : raisonneur, discutailleur.
5. *Souffrir* : supporter.
6. *Gratter* : flatter.
7. *Faire sa cour* : chercher à plaire.

jours d'entendre ce qu'on dit de vous : car enfin je me
205 sens pour vous de la tendresse, en dépit que j'en aie[1] ;
et, après mes chevaux, vous êtes la personne que j'aime
le plus.

HARPAGON.   Pourrais-je savoir de vous, maître Jacques,
ce que l'on dit de moi ?

210 MAÎTRE JACQUES.   Oui, monsieur, si j'étais assuré que
cela ne vous fâchât point.

HARPAGON.   Non, en aucune façon.

MAÎTRE JACQUES.   Pardonnez-moi, je sais fort bien que
je vous mettrais en colère.

215 HARPAGON.   Point du tout ; au contraire, c'est me faire
plaisir, et je suis bien aise d'apprendre comme[2] on parle
de moi.

MAÎTRE JACQUES.   Monsieur, puisque vous le voulez,
je vous dirai franchement qu'on se moque partout de
220 vous ; qu'on nous jette de tous côtés cent brocards[3] à
votre sujet, et que l'on n'est point plus ravi que de
vous tenir au cul et aux chausses[4] et de faire sans cesse
des contes de votre lésine[5]. L'un dit que vous faites
imprimer des almanachs[6] particuliers où vous faites
225 doubler les quatre-temps[7] et les vigiles[8], afin de profiter

---

1. *En dépit que j'en aie :* malgré moi.
2. *Comme :* comment.
3. *Brocards :* plaisanteries malveillantes.
4. *Vous tenir au cul et aux chausses :* s'acharner après vous.
5. *Faire des contes de votre lésine :* raconter des histoires sur votre avarice.
6. *Almanachs :* calendriers.
7. *Les quatre-temps :* les trois jours de jeûne ordonnés par l'Église durant chacune des quatre saisons.
8. *Les vigiles :* les veilles des jours de fête où l'on jeûne.

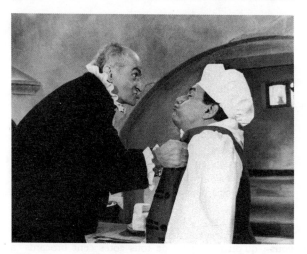

HARPAGON.   *Vous êtes un sot, un maraud, un coquin et un impudent.*
Louis de Funès (Harpagon) et Michel Galabru (maître Jacques).
L'Avare, film de Jean Girault, 1979.

des jeûnes où vous obligez votre monde ; l'autre, que
vous avez toujours une querelle toute prête à faire à
vos valets dans le temps des étrennes ou de leur sortie
d'avec vous[1], pour vous trouver une raison de ne leur
230 donner rien. Celui-là conte qu'une fois vous fîtes
assigner[2] le chat d'un de vos voisins pour vous avoir

---

1. *De leur sortie d'avec vous :* au moment où ils quittent votre
service.
2. *Assigner :* faire comparaître en justice.

mangé un reste d'un gigot de mouton ; celui-ci, que l'on vous surprit une nuit en venant dérober vous-même l'avoine de vos chevaux, et que votre cocher, qui était
235 celui d'avant moi, vous donna dans l'obscurité je ne sais combien de coups de bâton dont vous ne voulûtes rien dire. Enfin, voulez-vous que je vous dise ? On ne saurait aller nulle part où l'on ne vous entende accommoder de toutes pièces[1]. Vous êtes la fable et la
240 risée de tout le monde, et jamais on ne parle de vous que sous les noms d'avare, de ladre, de vilain et de fesse-mathieu.

HARPAGON, *en le battant.*   Vous êtes un sot, un maraud[2], un coquin et un impudent[3].

245 MAÎTRE JACQUES.   Hé bien ! ne l'avais-je pas deviné ? Vous ne m'avez pas voulu croire. Je vous l'avais bien dit que je vous fâcherais de vous dire la vérité.

HARPAGON.   Apprenez à parler.

SCÈNE 2.   MAÎTRE JACQUES, VALÈRE.

VALÈRE.   À ce que je puis voir, maître Jacques, on paie mal votre franchise.

MAÎTRE JACQUES.   Morbleu ! monsieur le nouveau venu, qui faites l'homme d'importance, ce n'est pas votre

---

1. *Accommoder de toutes pièces :* maltraiter de toutes les façons.
2. *Maraud :* filou.
3. *Impudent :* insolent.

5 affaire. Riez de vos coups de bâton quand on vous en
donnera, et ne venez point rire des miens.

VALÈRE.   Ah ! monsieur maître Jacques, ne vous fâchez
pas, je vous prie.

MAÎTRE JACQUES, *à part*.   Il file doux. Je veux faire le
10 brave, et, s'il est assez sot pour me craindre, le frotter[1]
quelque peu. *(Haut.)* Savez-vous bien, monsieur le rieur,
que je ne ris pas, moi, et que, si vous m'échauffez la
tête, je vous ferai rire d'une autre sorte ?
*(Maître Jacques pousse Valère jusqu'au bout du théâtre en le
menaçant.)*

VALÈRE.   Eh ! doucement !

15 MAÎTRE JACQUES.   Comment, doucement ? Il ne me
plaît pas, moi !

VALÈRE.   De grâce !

MAÎTRE JACQUES.   Vous êtes un impertinent.

VALÈRE.   Monsieur maître Jacques !

20 MAÎTRE JACQUES.   Il n'y a point de monsieur maître
Jacques pour un double[2]. Si je prends un bâton, je vous
rosserai d'importance.

VALÈRE.   Comment ! un bâton ?
(Valère le fait reculer autant qu'il l'a fait.)

MAÎTRE JACQUES.   Eh ! je ne parle pas de cela.

25 VALÈRE.   Savez-vous bien, monsieur le fat[3], que je suis
homme à vous rosser vous-même ?

MAÎTRE JACQUES.   Je n'en doute pas.

---

1. *Frotter :* battre.
2. *Un double :* un sou ; autrement dit, vous ne m'aurez pas par la flatterie.
3. *Fat :* sot.

VALÈRE.   Que vous n'êtes, pour tout potage[1], qu'un faquin[2] de cuisinier ?

30   MAÎTRE JACQUES.   Je le sais bien.

VALÈRE.   Et que vous ne me connaissez pas encore ?

MAÎTRE JACQUES.   Pardonnez-moi[3].

VALÈRE.   Vous me rosserez, dites-vous ?

MAÎTRE JACQUES.   Je le disais en raillant.

35   VALÈRE.   Et moi, je ne prends point de goût à votre raillerie. *(Il lui donne des coups de bâton.)* Apprenez que vous êtes un mauvais railleur.

MAÎTRE JACQUES.   Peste soit la sincérité ! c'est un mauvais métier. Désormais j'y renonce, et je ne veux
40   plus dire vrai. Passe encore pour mon maître, il a quelque droit de me battre, mais, pour ce monsieur l'intendant, je m'en vengerai si je le puis.

---

1. *Pour tout potage :* en tout et pour tout.
2. *Faquin :* bon à rien.
3. *Pardonnez-moi :* si, je vous connais bien.

Acte III Scènes 1 et 2

L'ACTION ET LES PERSONNAGES

1. Divisez la longue scène 1 en plusieurs parties. Par quels moyens Molière parvient-il à maintenir l'intérêt du spectateur ?

2. Comment l'avarice du maître de maison affecte-t-elle la vie de tous les jours ? Quels en sont les aspects les plus sordides ? Quel menu pourrait composer aujourd'hui un avare pour sa bien-aimée ?

3. Résumez l'action de la courte scène 2. Donnez-lui un titre.

4. Qu'est-ce qu'un retournement de situation ? En trouvez-vous un exemple dans la scène 2 ?

5. Pourquoi maître Jacques déteste-t-il Valère ?

LE COMIQUE

6. À quels moments rions-nous dans la scène 1 ? Accompagnez chaque passage d'une courte explication.

7. Pourquoi les premières lignes de la première tirade d'Harpagon (sc. 1, l. 1 à 11) sont-elles drôles ? De quel type de comique s'agit-il ?

L'EXPRESSION ET LES IDÉES

8. Relevez dans la scène 1 tous les mots servant à désigner l'avarice. Lesquels ont disparu ? Lesquels ont changé de sens ? Lesquels se sont maintenus ?

9. Pourquoi maître Jacques est-il battu à la fin de la scène 1 ? Que semble ainsi suggérer Molière ?

10. De quels noms insultants se traitent Valère et maître Jacques dans la scène 2 ? Indiquez ceux qui sont propres à leur temps.

11. Qu'apprenons-nous dans ces deux scènes sur les relations maître-valet au XVIIe siècle ? Qu'en pensez-vous ?

SCÈNE 3. FROSINE, MARIANE, MAÎTRE JACQUES.

FROSINE. Savez-vous, maître Jacques, si votre maître est au logis ?

MAÎTRE JACQUES. Oui, vraiment il y est, je ne le sais que trop !

5 FROSINE. Dites-lui, je vous prie, que nous sommes ici.

SCÈNE 4. MARIANE, FROSINE.

MARIANE. Ah ! que je suis, Frosine, dans un étrange état ! et, s'il faut dire ce que je sens, que j'appréhende cette vue !

FROSINE. Mais pourquoi ? et quelle est votre inquié-
5 tude ?

MARIANE. Hélas ! me le demandez-vous ? et ne vous figurez-vous point les alarmes[1] d'une personne toute prête à voir le supplice où l'on veut l'attacher ?

FROSINE. Je vois bien que, pour mourir agréablement,
10 Harpagon n'est pas le supplice que vous voudriez embrasser ; et je connais, à votre mine, que le jeune blondin dont vous m'avez parlé vous revient un peu dans l'esprit.

MARIANE. Oui. C'est une chose, Frosine, dont je ne

---

1. *Les alarmes :* les craintes.

15 veux pas me défendre ; et les visites respectueuses qu'il
a rendues chez nous ont fait, je vous l'avoue, quelque
effet dans mon âme.

FROSINE.   Mais avez-vous su quel[1] il est ?

MARIANE.   Non, je ne sais point quel il est ; mais je
20 sais qu'il est fait d'un air à se faire aimer[2] ; que, si l'on
pouvait mettre les choses à mon choix, je le prendrais
plutôt qu'un autre, et qu'il ne contribue pas peu à me
faire trouver un tourment effroyable dans l'époux qu'on
veut me donner.

25 FROSINE.   Mon Dieu, tous ces blondins sont agréables
et débitent fort bien leur fait[3], mais la plupart sont
gueux[4] comme des rats, et il vaut mieux pour vous de
prendre un vieux mari qui vous donne beaucoup de
bien. Je vous avoue que les sens ne trouvent pas si
30 bien leur compte du côté que je dis, et qu'il y a
quelques petits dégoûts à essuyer avec un tel époux ;
mais cela n'est pas pour durer, et sa mort, croyez-moi,
vous mettra bientôt en état d'en prendre un plus
aimable qui réparera toutes choses.

35 MARIANE.   Mon Dieu, Frosine, c'est une étrange affaire
lorsque, pour être heureuse, il faut souhaiter ou attendre
le trépas[5] de quelqu'un, et la mort ne suit pas tous les
projets que nous faisons.

FROSINE.   Vous moquez-vous ? Vous ne l'épousez

---

1. *Quel :* qui.
2. *D'un air à se faire aimer :* pour être aimé.
3. *Débitent fort bien leur fait :* sont de beaux parleurs.
4. *Gueux :* pauvres.
5. *Trépas :* mort.

40 qu'aux conditions de vous laisser veuve bientôt ; et ce
doit être là un des articles du contrat. Il serait bien
impertinent de ne pas mourir dans trois mois ! Le voici
en propre personne.

MARIANE.   Ah ! Frosine, quelle figure !

SCÈNE 5.   HARPAGON, FROSINE, MARIANE.

HARPAGON.   Ne vous offensez pas, ma belle, si je viens
à vous avec des lunettes. Je sais que vos appas[1] frappent
assez les yeux, sont assez visibles d'eux-mêmes, et qu'il
n'est pas besoin de lunettes pour les apercevoir ; mais
5 enfin c'est avec des lunettes qu'on observe les astres,
et je maintiens et garantis que vous êtes un astre, mais
un astre, le plus bel astre qui soit dans le pays des
astres. Frosine, elle ne répond mot et ne témoigne, ce
me semble, aucune joie de me voir.

10 FROSINE.   C'est qu'elle est encore toute surprise ; et
puis les filles ont toujours honte à témoigner d'abord
ce qu'elles ont dans l'âme.

HARPAGON.   Tu as raison. *(À Mariane.)* Voilà, belle
mignonne, ma fille qui vient vous saluer.

---

1. *Appas* : les charmes physiques ; familièrement, la poitrine d'une
femme.

HARPAGON (Louis de Funès). *Ne vous offensez pas, ma belle, si je viens à vous avec des lunettes. L'Avare* de Jean Girault, 1979.

SCÈNE 6. ÉLISE, HARPAGON, MARIANE, FROSINE.

MARIANE. Je m'acquitte bien tard, madame, d'une telle visite.

ÉLISE. Vous avez fait, madame, ce que je devais faire, et c'était à moi de vous prévenir[1].

---

1. *Prévenir :* devancer.

5 HARPAGON. Vous voyez qu'elle est grande ; mais mauvaise herbe croît toujours.

MARIANE, *bas à Frosine*. Ô l'homme déplaisant !

HARPAGON. Que dit la belle ?

FROSINE. Qu'elle vous trouve admirable.

10 HARPAGON. C'est trop d'honneur que vous me faites, adorable mignonne.

MARIANE, *à part*. Quel animal !

HARPAGON. Je vous suis trop obligé de ces sentiments.

MARIANE, *à part*. Je n'y puis plus tenir.

15 HARPAGON. Voici mon fils aussi qui vous vient faire la révérence.

MARIANE, *bas à Frosine*. Ah ! Frosine, quelle rencontre ! C'est justement celui dont je t'ai parlé.

FROSINE, *à Mariane*. L'aventure est merveilleuse[1].

20 HARPAGON. Je vois que vous vous étonnez de me voir de si grands enfants ; mais je serai bientôt défait et de l'un et de l'autre.

---

1. *Merveilleux :* extraordinaire.

Acte III Scènes 3 à 6

L'ACTION ET LES PERSONNAGES

1. Résumez l'action dans cette série de scènes. Donnez-en le plan.

2. Quels sentiments Mariane éprouve-t-elle au cours de la scène 4 ? Aidez-vous de ses paroles pour répondre. Mariane correspond-elle à la description qu'en a fait Cléante dans l'acte I, scène 2 ?

3. Dans la scène 4, Mariane tient ces propos : « c'est une étrange affaire lorsque, pour être heureuse, il faut souhaiter ou attendre le trépas de quelqu'un ». Retrouvez à quel moment de la pièce, et dans la bouche de quel personnage, cette idée est déjà exprimée.

4. Comment apparaît Frosine dans ces scènes ? Comparez les propos qu'elle tient à Mariane dans la scène 4 sur Harpagon à ceux qu'elle tenait dans l'acte II, scène 5.

LE THÈME DU VIEILLARD AMOUREUX

5. Pourquoi Harpagon porte-t-il des lunettes dans la scène 5 ? (Reportez-vous à la scène 5 de l'acte II.)

6. Que pensez-vous du compliment qu'il adresse à Mariane dans la scène 5 ? Est-il habile ? original ? convaincant ? Justifiez votre réponse en citant le texte.

7. Imaginez les jeux de scène de Mariane et d'Harpagon dans les scènes 5 et 6. Pensez-vous que ces scènes soient drôles ? Pourquoi ?

8. Pourquoi Harpagon fait-il rire ? De quelle sorte de comique s'agit-il ?

L'EXPRESSION ET LES IDÉES

9. Quelle idée du mariage Frosine défend-elle dans la scène 4 ? Pensez-vous qu'une telle conception soit encore possible aujourd'hui ? Pourquoi ?

10. Trouvez, dans la scène 6, un proverbe prononcé par Harpagon. Quel en est le sens ? Pourquoi ces mots paraissent-ils déplacés dans la bouche de ce personnage ?

SCÈNE 7. CLÉANTE, HARPAGON, ÉLISE, MARIANE, FROSINE, VALÈRE.

CLÉANTE. Madame, à vous dire le vrai, c'est ici une aventure où sans doute je ne m'attendais pas, et mon père ne m'a pas peu surpris lorsqu'il m'a dit tantôt le dessein qu'il avait formé.

5 MARIANE. Je puis dire la même chose. C'est une rencontre imprévue qui m'a surprise autant que vous, et je n'étais point préparée à une pareille aventure.

CLÉANTE. Il est vrai que mon père, madame, ne peut pas faire un plus beau choix, et que ce m'est une 10 sensible[1] joie que l'honneur de vous voir ; mais avec tout cela, je ne vous assurerai point que je me réjouis du dessein où vous pourriez être[2] de devenir ma belle-mère. Le compliment, je vous l'avoue, est trop difficile pour moi[3], et c'est un titre, s'il vous plaît[4], que je ne 15 vous souhaite point. Ce discours paraîtra brutal aux yeux de quelques-uns ; mais je suis assuré que vous serez personne à le prendre comme il faudra ; que c'est un mariage, madame, où vous vous imaginez bien que je dois avoir de la répugnance ; que vous n'ignorez pas, 20 sachant ce que je suis, comme[5] il choque mes intérêts ; et que vous voulez bien enfin que je vous dise, avec

---

1. *Sensible :* grande.
2. *Du dessein où vous pourriez être :* du projet que vous pourriez avoir.
3. *Le compliment ... pour moi :* je ne peux pas vous complimenter d'une chose qui m'attriste.
4. *S'il vous plaît :* ne vous déplaise.
5. *Comme :* combien.

la permission de mon père, que, si les choses dépendaient de moi, cet hymen[1] ne se ferait point.

HARPAGON.   Voilà un compliment bien impertinent !
25 Quelle belle confession à lui faire !

MARIANE.   Et, moi pour vous répondre, j'ai à vous dire que les choses sont fort égales[2], et que, si vous auriez[3] de la répugnance à me voir votre belle-mère, je n'en aurais pas moins sans doute à vous voir mon beau-fils.
30 Ne croyez pas, je vous prie, que ce soit moi qui cherche à vous donner cette inquiétude. Je serais fort fâchée de vous causer du déplaisir, et, si je ne m'y vois forcée par une puissance absolue, je vous donne ma parole que je ne consentirai point au mariage qui vous chagrine.

35 HARPAGON.   Elle a raison. À sot compliment il faut une réponse de même. Je vous demande pardon, ma belle, de l'impertinence de mon fils. C'est un jeune sot qui ne sait pas encore la conséquence des paroles qu'il dit.

40 MARIANE.   Je vous promets que ce qu'il m'a dit ne m'a point du tout offensée ; au contraire, il m'a fait plaisir de m'expliquer ainsi ses véritables sentiments. J'aime de lui un aveu de la sorte ; et, s'il avait parlé d'autre façon, je l'en estimerais bien moins.

45 HARPAGON.   C'est beaucoup de bonté à vous de vouloir ainsi excuser ses fautes. Le temps le rendra plus sage, et vous verrez qu'il changera de sentiments.

CLÉANTE.   Non, mon père, je ne suis pas capable d'en changer ; et je prie instamment madame de le croire.

---

1. *Hymen :* mariage.
2. *Les choses sont fort égales :* je pense comme vous.
3. *Si vous auriez :* si vous aviez.

50 HARPAGON.   Mais voyez quelle extravagance ! il continue encore plus fort.

CLÉANTE.   Voulez-vous que je trahisse mon cœur ?

HARPAGON.   Encore ! Avez-vous envie de changer de
discours ?

55 CLÉANTE.   Hé bien, puisque vous voulez que je parle
d'autre façon, souffrez, madame, que je me mette ici
à la place de mon père, et que je vous avoue que je
n'ai rien vu dans le monde de si charmant que vous ;
que je ne conçois rien d'égal au bonheur de vous plaire,
60 et que le titre de votre époux est une gloire, une félicité,
que je préférerais aux destinées des plus grands princes
de la terre. Oui, madame, le bonheur de vous posséder
est à mes regards la plus belle de toutes les fortunes ;
c'est où j'attache[1] toute mon ambition. Il n'y a rien
65 que je ne sois capable de faire pour une conquête si
précieuse ; et les obstacles les plus puissants...

HARPAGON.   Doucement, mon fils, s'il vous plaît.

CLÉANTE.   C'est un compliment que je fais pour vous
à madame.

70 HARPAGON.   Mon Dieu, j'ai une langue pour m'expliquer moi-même, et je n'ai pas besoin d'un procureur[2]
comme vous. Allons, donnez des sièges.

FROSINE.   Non. Il vaut mieux que de ce pas nous
allions à la foire, afin d'en revenir plus tôt et d'avoir
75 tout le temps ensuite de vous entretenir.

HARPAGON.   Qu'on mette donc les chevaux au carrosse.
Je vous prie de m'excuser, ma belle, si je n'ai pas songé

---

1. *C'est où j'attache :* c'est là que je mets.
2. *Procureur :* interprète.

à vous donner un peu de collation[1] avant que de partir.

CLÉANTE.   J'y ai pourvu, mon père, et j'ai fait apporter
80 ici quelques bassins[2] d'oranges de la Chine, de citrons
doux et de confitures, que j'ai envoyé quérir[3] de votre
part.

HARPAGON, *bas, à Valère*.   Valère !

VALÈRE, *à Harpagon*.   Il a perdu le sens.

85 CLÉANTE.   Est-ce que vous trouvez, mon père, que ce
ne soit pas assez ? Madame aura la bonté d'excuser
cela, s'il vous plaît.

MARIANE.   C'est une chose qui n'était pas nécessaire.

CLÉANTE.   Avez-vous jamais vu, madame, un diamant
90 plus vif que celui que vous voyez que mon père a au
doigt ?

MARIANE.   Il est vrai qu'il brille beaucoup.

CLÉANTE, *l'ôtant du doigt de son père et le donnant à
Mariane*.   Il faut que vous le voyiez de près.

95 MARIANE.   Il est fort beau, sans doute, et jette quantité
de feux.

CLÉANTE, *se mettant au-devant de Mariane, qui le veut
rendre*.   Nenni[4]. Madame, il est en de trop belles mains.
C'est un présent que mon père vous fait.

100 HARPAGON.   Moi ?

CLÉANTE.   N'est-il pas vrai, mon père, que vous voulez
que madame le garde pour l'amour de vous ?

HARPAGON, *bas à son fils*.   Comment !

---

1. *Collation :* repas léger, goûter.
2. *Bassins :* coupes.
3. *Quérir :* chercher.
4. *Nenni :* non pas.

MARIANE (Juliette Mailhe). *Il est fort beau, sans doute,*
et jette quantité de feux.
Avec Juliette Carré (Frosine) et Michel Bouquet (Harpagon).
Mise en scène de Pierre Franck au théâtre de l'Atelier, 1989.

CLÉANTE.   Belle demande ! Il me fait signe de vous le
105 faire accepter.

MARIANE.   Je ne veux point...

CLÉANTE.   Vous moquez-vous ? Il n'a garde de le
reprendre.

HARPAGON, *à part*.   J'enrage !

110 MARIANE.   Ce serait...

CLÉANTE, *en empêchant toujours Mariane de rendre la*
bague.   Non, vous dis-je, c'est l'offenser.

MARIANE.   De grâce...

CLÉANTE.   Point du tout.

115 HARPAGON, *à part.* Peste soit...

CLÉANTE. Le voilà qui se scandalise de votre refus.

HARPAGON, *bas, à son fils.* Ah ! traître !

CLÉANTE. Vous voyez qu'il se désespère.

HARPAGON, *bas, à son fils, en le menaçant.* Bourreau que
120 tu es !

CLÉANTE. Mon père, ce n'est pas ma faute. Je fais ce
que je puis pour l'obliger à la garder, mais elle est
obstinée.

HARPAGON, *bas, à son fils, avec emportement.* Pendard !

125 CLÉANTE. Vous êtes cause, madame, que mon père
me querelle.

HARPAGON, *bas, à son fils, avec les mêmes grimaces.* Le
coquin !

CLÉANTE. Vous le ferez tomber malade. De grâce,
130 madame, ne résistez point davantage.

FROSINE. Mon Dieu, que de façons ! Gardez la bague,
puisque monsieur le veut.

MARIANE. Pour ne vous point mettre en colère, je la
garde maintenant, et je prendrai un autre temps[1] pour
135 vous la rendre.

---

1. *Je prendrai un autre temps :* je choisirai un autre moment.

SCÈNE 8. HARPAGON, MARIANE, FROSINE, CLÉANTE, BRINDAVOINE, ÉLISE.

BRINDAVOINE.   Monsieur, il y a là un homme qui veut vous parler.

HARPAGON.   Dis-lui que je suis empêché, et qu'il revienne une autre fois.

5 BRINDAVOINE.   Il dit qu'il vous apporte de l'argent.

HARPAGON.   Je vous demande pardon. Je reviens tout à l'heure.

SCÈNE 9. HARPAGON, MARIANE, CLÉANTE, ÉLISE, FROSINE, LA MERLUCHE, VALÈRE.

LA MERLUCHE. *(Il vient en courant et fait tomber Harpagon.)*   Monsieur...

HARPAGON.   Ah ! je suis mort !

CLÉANTE.   Qu'est-ce, mon père ? Vous êtes-vous fait
5 mal ?

HARPAGON.   Le traître assurément a reçu de l'argent de mes débiteurs[1] pour me faire rompre le cou.

VALÈRE.   Cela ne sera rien.

LA MERLUCHE.   Monsieur, je vous demande pardon, je
10 croyais bien faire d'accourir vite.

HARPAGON.   Que viens-tu faire ici, bourreau ?

---

1. *Débiteurs :* personnes devant de l'argent.

LA MERLUCHE.　Vous dire que vos deux chevaux sont déferrés.

HARPAGON.　Qu'on les mène promptement chez le
15 maréchal.

CLÉANTE.　En attendant qu'ils soient ferrés, je vais faire pour vous, mon père, les honneurs de votre logis, et conduire madame dans le jardin, où je ferai porter la collation.

20 HARPAGON.　Valère, aie un peu l'œil à tout cela, et prends soin, je te prie, de m'en sauver le plus que tu pourras, pour le renvoyer au marchand.

VALÈRE.　C'est assez.

HARPAGON, *seul.*　Ô fils impertinent ! as-tu envie de me
25 ruiner ?

Acte III Scènes 7 à 9

L'ACTION ET LES PERSONNAGES

1. Faites le plan de la scène 7. Comment passe-t-on d'une partie à l'autre ? Trouvez un titre à chacune d'elles.

2. Quels sont les principaux personnages de cette scène ? Quel genre de rôle les autres jouent-ils ?

3. Montrez, en citant des passages des scènes 7 et 9, que Cléante domine son père.

4. Pourquoi Cléante offre-t-il la bague de son père à Mariane ? Vous donnerez plusieurs raisons.

5. Jusqu'où va la méfiance d'Harpagon à l'égard de son fils ? Citez une réplique particulièrement révélatrice de la scène 9.

6. Quel sentiment la dernière réplique de cette même scène traduit-elle chez Harpagon ?

LE COMIQUE

7. Trouvez-vous que la scène 7 soit un bon exemple de comique de situation (voir p. 13 et 14) ? Pourquoi ?

8. D'où naît le comique de mots dans les expressions : « Je suis mort » (sc. 9, l. 3), et « Que viens-tu faire ici, bourreau ? » (sc. 9, l. 11) ?

L'EXPRESSION

9. Relevez quelques expressions appartenant au langage de la galanterie dans le dialogue de Cléante et Mariane de la scène 7. Montrez qu'elles ont un double sens.

10. Dans quelle scène le mot « argent » a-t-il un pouvoir magique sur Harpagon ?

Ensemble de l'acte III

1. Justifiez l'existence de chacune des neuf scènes composant cet acte, en vous aidant des principes suivants :
a. la scène fait avancer l'action ;
b. elle sert de transition entre deux scènes importantes ;
c. elle fait rire et détend le spectateur ;
d. elle permet de mieux connaître un ou plusieurs personnages.

2. Faites un bilan de l'action depuis le début de la pièce.

3. À partir des différentes scènes de l'acte III (personnages, situations, procédés comiques, etc.) définissez quelques caractéristiques de la comédie chez Molière.

4. Dans quelle(s) scène(s) voit-on l'avarice rendre Harpagon intelligent et inventif ? À quel moment l'avarice entre-t-elle en conflit avec l'amour ? Vous répondrez en vous appuyant sur le texte.

5. Résumez la situation d'Harpagon à la fin de l'acte III.

6. Comment expliquez-vous l'irrespect de Cléante à l'égard de son père ?

7. Vers qui va votre sympathie à la fin de l'acte III ? Pourquoi ?

8. De quelle manière Valère a-t-il renforcé son pouvoir à la fin de cet acte ? De qui doit-il cependant se méfier ?

9. Lisez attentivement les notes de vocabulaire proposées dans les scènes de l'acte III. Relevez quelques termes dont le sens est différent aujourd'hui. Essayez d'expliquer leur évolution, en vous aidant d'un dictionnaire.

10. Récapitulez les informations recueillies au cours de l'acte III sur les habitudes d'une famille bourgeoise au temps de Molière.

11. Le théâtre classique exige qu'une pièce ne développe qu'une seule action : c'est la règle de « l'unité d'action ». Molière respecte-t-il cette consigne dans l'ensemble de l'acte III ? Justifiez votre réponse.

Acte IV

SCÈNE PREMIÈRE. CLÉANTE, MARIANE, ÉLISE, FROSINE.

CLÉANTE. Rentrons ici, nous serons beaucoup mieux. Il n'y a plus autour de nous personne de suspect, et nous pouvons parler librement.

ÉLISE. Oui, madame, mon frère m'a fait confidence
5 de la passion qu'il a pour vous. Je sais les chagrins et les déplaisirs que sont capables de causer de pareilles traverses[1], et c'est, je vous assure, avec une tendresse extrême que je m'intéresse à votre aventure.

MARIANE. C'est une douce consolation que de voir
10 dans ses intérêts une personne comme vous ; et je vous conjure, madame, de me garder toujours cette généreuse amitié, si capable de m'adoucir les cruautés de la fortune.

FROSINE. Vous êtes, par ma foi, de malheureuses gens
15 l'un et l'autre, de ne m'avoir point, avant tout ceci, avertie de votre affaire ! Je vous aurais sans doute détourné[2] cette inquiétude et n'aurais point amené les choses où l'on voit qu'elles sont.

CLÉANTE. Que veux-tu ? c'est ma mauvaise destinée
20 qui l'a voulu ainsi. Mais, belle Mariane, quelles résolutions sont les vôtres ?

MARIANE. Hélas ! suis-je en pouvoir de faire des

---

1. *Traverses :* difficultés.
2. *Détourné :* évité.

résolutions ? et, dans la dépendance où je me vois, puis-je former que[1] des souhaits ?

25 CLÉANTE.   Point d'autre appui pour moi dans votre cœur que de simples souhaits ? point de pitié officieuse[2] ? point de secourable bonté ? point d'affection agissante ?

MARIANE.   Que saurais-je vous dire ? Mettez-vous en ma place, et voyez ce que je puis faire. Avisez, ordonnez
30 vous-même : je m'en remets à vous, et je vous crois trop raisonnable pour vouloir exiger de moi que ce qui peut m'être permis par l'honneur et la bienséance[3].

CLÉANTE.   Hélas ! où me réduisez-vous que de me renvoyer à[4] ce que voudront me permettre les fâcheux
35 sentiments d'un rigoureux honneur et d'une scrupuleuse bienséance ?

MARIANE.   Mais que voulez-vous que je fasse ? Quand[5] je pourrais passer sur quantité d'égards où notre sexe est obligé, j'ai de la considération pour ma mère. Elle
40 m'a toujours élevée avec une tendresse extrême, et je ne saurais me résoudre à lui donner du déplaisir. Faites, agissez auprès d'elle ; employez tous vos soins à gagner son esprit. Vous pouvez faire et dire tout ce que vous voudrez, je vous en donne la licence[6] ; et, s'il ne tient
45 qu'à me déclarer en votre faveur, je veux bien consentir à lui faire un aveu moi-même de tout ce que je sens pour vous.

---

1. *Que :* autre chose que.
2. *Officieuse :* active.
3. *Bienséance :* respect des règles imposées par la société.
4. *Que de me renvoyer à :* en me renvoyant à.
5. *Quand :* quand bien même, même si.
6. *Licence :* permission.

CLÉANTE.   Frosine, ma pauvre Frosine, voudrais-tu nous servir ?

50 FROSINE.   Par ma foi, faut-il le demander ? Je le voudrais de tout mon cœur. Vous savez que de mon naturel je suis assez humaine. Le ciel ne m'a point fait l'âme de bronze, et je n'ai que trop de tendresse à rendre de petits services, quand je vois des gens qui s'entr'aiment
55 en tout bien et en tout honneur. Que pourrions-nous faire à ceci ?

CLÉANTE.   Songe un peu, je te prie.

MARIANE.   Ouvre-nous des lumières[1].

ÉLISE.   Trouve quelque invention pour rompre ce que
60 tu as fait.

FROSINE.   Ceci est assez difficile. *(À Mariane.)* Pour votre mère, elle n'est pas tout à fait déraisonnable et peut-être pourrait-on la gagner et la résoudre à transporter au fils le don qu'elle veut faire au père. *(À Cléante.)*
65 Mais le mal que j'y trouve, c'est que votre père est votre père.

CLÉANTE.   Cela s'entend.

FROSINE.   Je veux dire qu'il conservera du dépit si l'on montre qu'on le refuse, et qu'il ne sera point d'humeur
70 ensuite à donner son consentement à votre mariage. Il faudrait, pour bien faire, que le refus vînt de lui-même et tâcher par quelque moyen de le dégoûter de votre personne.

CLÉANTE.   Tu as raison.

75 FROSINE.   Oui, j'ai raison, je le sais bien. C'est là ce qu'il faudrait ; mais le diantre est d'en pouvoir trouver

---

1.   *Ouvre-nous des lumières :* donne-nous des idées.

les moyens. Attendez : si nous avions quelque femme un peu sur l'âge[1] qui fût de mon talent et jouât assez bien pour contrefaire[2] une dame de qualité, par le
80 moyen d'un train[3] fait à la hâte et d'un bizarre nom de marquise ou de vicomtesse, que nous supposerions de la Basse-Bretagne, j'aurais assez d'adresse pour faire accroire[4] à votre père que ce serait une personne riche, outre ses maisons, de cent mille écus en argent comptant ;
85 qu'elle serait éperdument amoureuse de lui et souhaiterait de se voir sa femme jusqu'à lui donner tout son bien par contrat de mariage, et je ne doute point qu'il ne prêtât l'oreille à la proposition, car enfin il vous aime fort, je le sais, mais il aime un peu plus l'argent ; et,
90 quand, ébloui de ce leurre[5], il aurait une fois consenti à ce qui vous touche, il importerait peu ensuite qu'il se désabusât[6], en venant à vouloir voir clair aux effets de notre marquise[7].

CLÉANTE. Tout cela est fort bien pensé.

95 FROSINE. Laissez-moi faire. Je viens de me ressouvenir d'une de mes amies qui sera notre fait[8].

CLÉANTE. Sois assurée, Frosine, de ma reconnaissance, si tu viens à bout de la chose. Mais, charmante Mariane, commençons, je vous prie, par gagner votre mère ; c'est
100 toujours beaucoup faire que de rompre ce mariage.

---

1. *Un peu sur l'âge :* d'âge mûr.
2. *Contrefaire :* jouer le rôle de.
3. *Un train :* une suite de serviteurs.
4. *Accroire :* croire.
5. *Leurre :* tromperie.
6. *Désabusât :* revînt de son erreur.
7. *Voir clair ... marquise :* connaître la valeur réelle de la fortune de notre marquise.
8. *Qui sera notre fait :* qui fera notre affaire.

Faites-y de votre part, je vous en conjure, tous les efforts qu'il vous sera possible. Servez-vous de tout le pouvoir que vous donne sur elle cette amitié qu'elle a pour vous ; déployez sans réserve les grâces éloquentes[1],
105 les charmes tout-puissants, que le ciel a placés dans vos yeux et dans votre bouche, et n'oubliez rien, s'il vous plaît, de ces tendres paroles, de ces douces prières et de ces caresses touchantes à qui je suis persuadé qu'on ne saurait rien refuser.

110 MARIANE. J'y ferai tout ce que je puis et n'oublierai aucune chose.

SCÈNE 2. HARPAGON, CLÉANTE, MARIANE, ÉLISE, FROSINE.

HARPAGON, *à part*. Ouais ! mon fils baise la main de sa prétendue[2] belle-mère, et sa prétendue belle-mère ne s'en défend pas fort. Y aurait-il quelque mystère là-dessous ?

5 ÉLISE. Voilà mon père.

HARPAGON. Le carrosse est tout prêt. Vous pouvez partir quand il vous plaira.

CLÉANTE. Puisque vous n'y allez pas, mon père, je m'en vais les conduire.

10 HARPAGON. Non, demeurez. Elles iront bien toutes seules, et j'ai besoin de vous.

---

1. *Éloquentes :* qui parlent pour vous, expressives.
2. *Prétendue :* future.

SCÈNE 3. HARPAGON, CLÉANTE.

HARPAGON.   Oh ! çà, intérêt de belle-mère à part[1], que te semble, à toi, de cette personne ?

CLÉANTE.   Ce qui m'en semble ?

HARPAGON.   Oui, de son air, de sa taille, de sa beauté,
5 de son esprit.

CLÉANTE.   Là, là.

HARPAGON.   Mais encore ?

CLÉANTE.   À vous en parler franchement, je ne l'ai pas trouvée ici ce que je l'avais crue. Son air est de franche
10 coquette ; sa taille est assez gauche, sa beauté très médiocre, et son esprit des plus communs. Ne croyez pas que ce soit, mon père, pour vous en dégoûter ; car, belle-mère pour belle-mère, j'aime autant celle-là qu'une autre.

15 HARPAGON.   Tu lui disais tantôt pourtant...

CLÉANTE.   Je lui ai dit quelques douceurs en votre nom, mais c'était pour vous plaire.

HARPAGON.   Si bien donc que tu n'aurais pas d'inclination pour elle ?

20 CLÉANTE.   Moi ? point du tout.

HARPAGON.   J'en suis fâché, car cela rompt une pensée qui m'était venue dans l'esprit. J'ai fait, en la voyant ici, réflexion sur mon âge, et j'ai songé qu'on pourra trouver à redire de me voir marier à une si jeune
25 personne. Cette considération m'en faisait quitter le

---

1.   *Intérêt de belle-mère à part :* en oubliant qu'il s'agit de ta future belle-mère.

dessein ; et, comme je l'ai fait demander et que je suis pour elle engagé de parole, je te l'aurais donnée, sans l'aversion que tu témoignes.

CLÉANTE.   À moi ?

30 HARPAGON.   À toi.

CLÉANTE.   En mariage ?

HARPAGON.   En mariage.

CLÉANTE.   Écoutez ; il est vrai qu'elle n'est pas fort à mon goût ; mais pour vous faire plaisir, mon père, je 35 me résoudrai à l'épouser, si vous voulez.

HARPAGON.   Moi ? je suis plus raisonnable que tu ne penses : je ne veux point forcer ton inclination.

CLÉANTE.   Pardonnez-moi, je me ferai cet effort pour l'amour de vous.

40 HARPAGON.   Non, non : un mariage ne saurait être heureux où l'inclination n'est pas.

CLÉANTE.   C'est une chose, mon père, qui peut-être viendra ensuite ; et l'on dit que l'amour est souvent un fruit du mariage.

45 HARPAGON.   Non, du côté de l'homme on ne doit point risquer l'affaire, et ce sont des suites fâcheuses, où je n'ai garde de me commettre[1]. Si tu avais senti quelque inclination pour elle, à la bonne heure, je te l'aurais fait épouser, au lieu de moi, mais, cela n'étant 50 pas, je suivrai mon premier dessein, et je l'épouserai moi-même.

CLÉANTE.   Eh bien, mon père, puisque les choses sont ainsi, il faut vous découvrir mon cœur, il faut vous

---

1. *Me commettre* : m'exposer.

révéler notre secret. La vérité est que je l'aime depuis
55 un jour que je la vis dans une promenade ; que mon
dessein était tantôt de vous la demander pour femme,
et que rien ne m'a retenu que la déclaration de vos
sentiments et la crainte de vous déplaire.

HARPAGON.   Lui avez-vous rendu visite ?

60 CLÉANTE.   Oui, mon père.

HARPAGON.   Beaucoup de fois ?

CLÉANTE.   Assez pour le temps qu'il y a[1].

HARPAGON.   Vous a-t-on bien reçu ?

CLÉANTE.   Fort bien, mais sans savoir qui j'étais, et
65 c'est ce qui a fait tantôt la surprise de Mariane.

HARPAGON.   Lui avez-vous déclaré votre passion et le
dessein où vous étiez de l'épouser ?

CLÉANTE.   Sans doute, et même j'en avais fait à sa
mère quelque peu d'ouverture.

70 HARPAGON.   A-t-elle écouté, pour sa fille, votre proposition ?

CLÉANTE.   Oui, fort civilement.

HARPAGON.   Et la fille correspond-elle fort à votre
amour ?

75 CLÉANTE.   Si j'en dois croire les apparences, je me
persuade, mon père, qu'elle a quelque bonté pour moi.

HARPAGON, *bas, à part*.   Je suis bien aise d'avoir appris
un tel secret, et voilà justement ce que je demandais.
(Haut.) Oh ! sus[2], mon fils, savez-vous ce qu'il y a ?

---

1. *Pour le temps qu'il y a :* compte tenu du temps passé depuis
notre rencontre.
2. *Sus :* allons.

80 C'est qu'il faut songer, s'il vous plaît, à vous défaire de votre amour, à cesser toutes vos poursuites auprès d'une personne que je prétends[1] pour moi, et à vous marier dans peu avec celle qu'on vous destine.

CLÉANTE.   Oui, mon père, c'est ainsi que vous me
85 jouez ! Eh bien ! puisque les choses en sont venues là, je vous déclare, moi, que je ne quitterai point la passion que j'ai pour Mariane ; qu'il n'y a point d'extrémité où je ne m'abandonne pour vous disputer sa conquête, et que, si vous avez pour vous le consentement d'une
90 mère, j'aurai d'autres secours peut-être qui combattront pour moi.

HARPAGON.   Comment, pendard ! tu as l'audace d'aller sur mes brisées[2] !

CLÉANTE.   C'est vous qui allez sur les miennes, et je
95 suis le premier en date.

HARPAGON.   Ne suis-je pas ton père ? et ne me dois-tu pas respect ?

CLÉANTE.   Ce ne sont point ici des choses où les enfants soient obligés de déférer[3] aux pères, et l'amour
100 ne connaît personne.

HARPAGON.   Je te ferai bien me connaître avec de bons coups de bâton.

CLÉANTE.   Toutes vos menaces ne feront rien.

HARPAGON.   Tu renonceras à Mariane.

105 CLÉANTE.   Point du tout.

HARPAGON.   Donnez-moi un bâton tout à l'heure.

---

1. *Que je prétends :* que je veux épouser.
2. *Aller sur mes brisées :* familièrement, marcher sur mes plates-bandes.
3. *Déférer :* obéir.

Acte IV Scènes 1 à 3

L'ACTION ET LES PERSONNAGES

1. Par quelle invention Molière éveille-t-il l'intérêt du spectateur au cours de la première scène ?

2. Relevez une phrase d'Élise qui souligne la responsabilité de Frosine dans la situation.

3. Quels sentiments successifs le spectateur éprouve-t-il à l'égard de Frosine au cours de cette scène ? Montrez, en vous reportant à la scène 5 de l'acte II, que ce personnage est ambigu. Comment expliquez-vous son soudain revirement ?

4. Montrez que la scène 2 est essentielle à l'action.

5. Faites le plan de la scène 3. Quel est, à votre avis, le moment le plus dramatique ? Pourquoi ?

6. Quels moyens Harpagon utilise-t-il dans la scène 3 pour faire parler son fils ? Pourquoi Cléante se laisse-t-il prendre au piège ? Vous répondrez en citant le texte.

7. Peut-on dire que cette scène 3 est comique ? Justifiez votre point de vue.

L'EXPRESSION ET LES IDÉES

8. Comment comprenez-vous le mot « reconnaissance » dans la phrase de Cléante : « Sois assurée, Frosine, de ma reconnaissance, si tu viens à bout de la chose » (sc. 1, l. 97-98) ? Que semble promettre Cléante ?

9. Relevez dans la dernière réplique du jeune homme (sc. 1, l. 97 à 109) une série de « clichés » (expressions toutes faites). Quel trait de caractère ces mots suggèrent-ils ?

10. Expliquez, en vous aidant des notes de vocabulaire, l'idée de « bienséance » évoquée par Mariane et Cléante (sc. 1, l. 28 à 47). Pourquoi la « bienséance » interdit-elle à Mariane de se montrer plus volontaire ?

11. Commentez cette phrase de Cléante : « l'amour ne connaît personne » (sc. 3, l. 99-100).

SCÈNE 4. MAÎTRE JACQUES, HARPAGON, CLÉANTE.

MAÎTRE JACQUES.　Eh ! eh ! eh ! messieurs, qu'est ceci ? à quoi songez-vous ?

CLÉANTE.　Je me moque de cela.

MAÎTRE JACQUES, *à Cléante.*　Ah ! monsieur, doucement.

5　HARPAGON.　Me parler avec cette impudence !

MAÎTRE JACQUES, *à Harpagon.*　Ah ! monsieur, de grâce.

CLÉANTE.　Je n'en démordrai point.

MAÎTRE JACQUES, *à Cléante.*　Hé quoi ! à votre père ?

HARPAGON.　Laisse-moi faire.

10　MAÎTRE JACQUES, *à Harpagon.*　Hé quoi ! à votre fils ? Encore passe pour moi.

HARPAGON.　Je te veux faire toi-même, maître Jacques, juge de cette affaire, pour montrer comme j'ai raison.

MAÎTRE JACQUES.　J'y consens. *(À Cléante.)* Éloignez-
15　vous un peu.

—　HARPAGON.　J'aime une fille que je veux épouser ; et le pendard a l'insolence de l'aimer avec moi et d'y prétendre malgré mes ordres.

MAÎTRE JACQUES.　Ah ! il a tort.

20　HARPAGON.　N'est-ce pas une chose épouvantable qu'un fils qui veut entrer en concurrence avec son père ? et ne doit-il pas, par respect, s'abstenir de toucher à mes inclinations ?

MAÎTRE JACQUES.　Vous avez raison. Laissez-moi lui
25　parler et demeurez là.

(Il vient trouver Cléante à l'autre bout du théâtre.)

CLÉANTE.　Eh bien, oui, puisqu'il veut te choisir pour juge, je n'y recule point, il ne m'importe qui ce soit, et je veux bien aussi me rapporter à toi[1], maître Jacques, de notre différend[2].

30 MAÎTRE JACQUES.   C'est beaucoup d'honneur que vous me faites.

CLÉANTE.   Je suis épris d'une jeune personne qui répond à mes vœux et reçoit tendrement les offres de ma foi, et mon père s'avise de venir troubler notre amour par
35 la demande qu'il en fait faire.

MAÎTRE JACQUES.   Il a tort assurément.

CLÉANTE.   N'a-t-il point de honte, à son âge, de songer à se marier ? Lui sied-il bien d'être encore amoureux ? et ne devrait-il pas laisser cette occupation aux jeunes
40 gens ?

MAÎTRE JACQUES.   Vous avez raison, il se moque. Laissez-moi lui dire deux mots. *(Il revient à Harpagon.)* Eh bien, votre fils n'est pas si étrange que vous le dites, et il se met à la raison. Il dit qu'il sait le respect qu'il
45 vous doit, qu'il ne s'est emporté que dans la première chaleur, et qu'il ne fera point refus de se soumettre à ce qu'il vous plaira, pourvu que vous vouliez le traiter mieux que vous ne faites et lui donner quelque personne en mariage dont il ait lieu d'être content.

50 HARPAGON.   Ah ! dis-lui, maître Jacques, que moyennant cela, il pourra espérer toutes choses de moi, et que, hors Mariane, je lui laisse la liberté de choisir celle qu'il voudra.

MAÎTRE JACQUES.   Laissez-moi faire. *(Il va au fils.)* Eh
55 bien, votre père n'est pas si déraisonnable que vous le faites[3], et il m'a témoigné que ce sont vos emportements

---

1. *Me rapporter à toi :* te prendre comme juge et témoin.
2. *Différend :* désaccord.
3. *Que vous le faites :* que vous l'imaginez.

qui l'ont mis en colère ; qu'il n'en veut seulement qu'à votre manière d'agir, et qu'il sera fort disposé à vous accorder ce que vous souhaitez, pourvu que vous vouliez
60 vous y prendre par la douceur et lui rendre les déférences, les respects et les soumissions qu'un fils doit à son père.

CLÉANTE. Ah ! maître Jacques, tu lui peux assurer que, s'il m'accorde Mariane, il me verra toujours le plus
65 soumis de tous les hommes, et que jamais je ne ferai aucune chose que par ses volontés.

MAÎTRE JACQUES, *à Harpagon*. Cela est fait. Il consent à ce que vous dites.

HARPAGON. Voilà qui va le mieux du monde.

70 MAÎTRE JACQUES, *à Cléante*. Tout est conclu. Il est content de vos promesses.

CLÉANTE. Le ciel en soit loué !

MAÎTRE JACQUES. Messieurs, vous n'avez qu'à parler ensemble ; vous voilà d'accord maintenant, et vous
75 alliez vous quereller faute de vous entendre.

CLÉANTE. Mon pauvre maître Jacques, je te serai obligé[1] toute ma vie.

MAÎTRE JACQUES. Il n'y a pas de quoi, monsieur.

HARPAGON. Tu m'as fait plaisir, maître Jacques, et
80 cela mérite une récompense. Va, je m'en souviendrai, je t'assure.
(Il tire son mouchoir de sa poche, ce qui fait croire à maître Jacques qu'il va lui donner quelque chose.)

MAÎTRE JACQUES. Je vous baise les mains[2].

---

1. *Je te serai obligé* : je te serai reconnaissant.
2. *Je vous baise les mains* : formule de politesse pour dire au revoir.

SCÈNE 5. CLÉANTE, HARPAGON.

CLÉANTE.   Je vous demande pardon, mon père, de l'emportement que j'ai fait paraître.

HARPAGON.   Cela n'est rien.

CLÉANTE.   Je vous assure que j'en ai tous les regrets
5 du monde.

HARPAGON.   Et moi, j'ai toutes les joies du monde de te voir raisonnable.

CLÉANTE.   Quelle bonté à vous d'oublier si vite ma faute !

10 HARPAGON.   On oublie aisément les fautes des enfants lorsqu'ils rentrent dans leur devoir.

CLÉANTE.   Quoi ! ne garder aucun ressentiment de toutes mes extravagances ?

HARPAGON.   C'est une chose où tu m'obliges[1] par la
15 soumission et le respect où tu te ranges.

CLÉANTE.   Je vous promets, mon père, que jusques au tombeau je conserverai dans mon cœur le souvenir de vos bontés.

HARPAGON.   Et moi, je te promets qu'il n'y aura aucune
20 chose que de moi tu n'obtiennes.

CLÉANTE.   Ah ! mon père, je ne vous demande plus rien, et c'est m'avoir assez donné que de me donner Mariane.

HARPAGON.   Comment ?

25 CLÉANTE.   Je dis, mon père, que je suis trop content

---

1. *Où tu m'obliges :* qui m'est dictée.

de vous, et que je trouve toutes choses dans la bonté que vous avez de m'accorder Mariane.

HARPAGON. Qui est-ce qui parle de t'accorder Mariane ?

30 CLÉANTE. Vous, mon père.

HARPAGON. Moi ?

CLÉANTE. Sans doute.

HARPAGON. Comment ! c'est toi qui as promis d'y renoncer.

35 CLÉANTE. Moi, y renoncer ?

HARPAGON. Oui.

CLÉANTE. Point du tout.

HARPAGON. Tu ne t'es pas départi[1] d'y prétendre ?

CLÉANTE. Au contraire, j'y suis porté plus que jamais.

40 HARPAGON. Quoi ! pendard, derechef[2] ?

CLÉANTE. Rien ne peut me changer.

HARPAGON. Laisse-moi faire, traître.

CLÉANTE. Faites tout ce qu'il vous plaira.

HARPAGON. Je te défends de me jamais voir.

45 CLÉANTE. À la bonne heure.

HARPAGON. Je t'abandonne.

CLÉANTE. Abandonnez.

HARPAGON. Je te renonce pour mon fils.

CLÉANTE. Soit.

50 HARPAGON. Je te déshérite.

---

1. *Tu ne t'es pas départi* : tu n'as pas renoncé.
2. *Derechef* : de nouveau.

CLÉANTE.   Tout ce que vous voudrez.

HARPAGON.   Et je te donne ma malédiction.

CLÉANTE.   Je n'ai que faire de vos dons.

SCÈNE 6.   LA FLÈCHE, CLÉANTE.

LA FLÈCHE, *sortant du jardin avec une cassette*.   Ah ! monsieur ! que je vous trouve à propos ! Suivez-moi vite.

CLÉANTE.   Qu'y a-t-il ?

5   LA FLÈCHE.   Suivez-moi, vous dis-je, nous sommes bien[1].

CLÉANTE.   Comment ?

LA FLÈCHE.   Voici votre affaire.

CLÉANTE.   Quoi ?

LA FLÈCHE.   J'ai guigné[2] ceci tout le jour.

10   CLÉANTE.   Qu'est-ce que c'est ?

LA FLÈCHE.   Le trésor de votre père, que j'ai attrapé.

CLÉANTE.   Comment as-tu fait ?

LA FLÈCHE.   Vous saurez tout. Sauvons-nous, je l'entends crier.

---

1.   *Nous sommes bien :* tout va bien pour nous.
2.   *Guigné :* épié, convoité.

SCÈNE 7. HARPAGON.

HARPAGON *(Il crie au voleur dès le jardin, et vient sans chapeau.)* Au voleur ! au voleur ! à l'assassin ! au meurtrier ! Justice, juste ciel ! Je suis perdu, je suis assassiné ! On m'a coupé la gorge, on m'a dérobé mon
5 argent ! Qui peut-ce être ? Qu'est-il devenu ? où est-il ? où se cache-t-il ? Que ferai-je pour le trouver ? Où courir ? où ne pas courir ? N'est-il point là ? n'est-il point ici ? Qui est-ce ? Arrête ! *(Il se prend lui-même le bras.)* Rends-moi mon argent, coquin !... Ah ! c'est moi.
10 Mon esprit est troublé, et j'ignore où je suis, qui je suis, et ce que je fais. Hélas ! mon pauvre argent, mon pauvre argent, mon cher ami, on m'a privé de toi ! Et, puisque tu m'es enlevé, j'ai perdu mon support[1], ma consolation, ma joie ; tout est fini pour moi, et je n'ai
15 plus que faire au monde ! Sans toi, il m'est impossible de vivre. C'en est fait, je n'en puis plus, je me meurs, je suis mort, je suis enterré ! N'y a-t-il personne qui veuille me ressusciter en me rendant mon cher argent, ou en m'apprenant qui l'a pris ? Euh ! que dites-vous ?
20 Ce n'est personne. Il faut, qui que ce soit qui ait fait le coup, qu'avec beaucoup de soin on ait épié l'heure ; et l'on a choisi justement le temps que je parlais à mon traître de fils. Sortons. Je veux aller quérir la justice et faire donner la question[2] à toute ma maison :
25 à servantes, à valets, à fils, à fille, et à moi aussi. Que de gens assemblés[3] ! Je ne jette mes regards sur personne

---

1. *Mon support :* mon soutien.
2. *Faire donner la question :* soumettre à la torture pour obtenir des aveux.
3. *Que de gens assemblés :* les spectateurs.

qui ne me donne des soupçons, et tout me semble
mon voleur. Eh ! de quoi est-ce qu'on parle là ? de
celui qui m'a dérobé ? Quel bruit fait-on là-haut ? Est-
30 ce mon voleur qui y est ? De grâce, si l'on sait des
nouvelles de mon voleur, je supplie que l'on m'en dise.
N'est-il point caché là parmi vous ? Ils me regardent
tous et se mettent à rire. Vous verrez qu'ils ont part,
sans doute, au vol que l'on m'a fait. Allons, vite, des
35 commissaires[1], des archers[2], des prévôts[3], des juges, des
gênes[4], des potences et des bourreaux ! Je veux faire
pendre tout le monde ; et, si je ne retrouve mon argent,
je me pendrai moi-même après !

---

1. *Commissaires :* officiers de justice chargés d'enquêtes.
2. *Archers :* agents de police chargés du maintien de l'ordre.
3. *Prévôts :* juges royaux.
4. *Gênes :* instruments de torture.

Acte IV Scènes 4 à 7

L'ACTION ET LES PERSONNAGES

1. Quel est le moment le plus dramatique des scènes 4 et 5 ? Que craint le spectateur ? Qu'espère-t-il ?

2. Quelles qualités maître Jacques déploie-t-il dans la scène 4 ? Citez le texte.

3. Quels sont, d'après les scènes 4 et 5, les principaux aspects du conflit entre le père et le fils ?

4. De nombreux critiques trouvent intolérable l'affrontement de Cléante et d'Harpagon à la fin de la scène 5. Qu'en pensez-vous ? Justifiez votre point de vue.

5. Retrouvez l'acte et la scène où Harpagon apprend au public qu'il a enterré son argent. Que s'est-il passé depuis ?

6. Pourquoi La Flèche s'est-il emparé du trésor d'Harpagon (sc. 6) ? Quelles peuvent être, à votre avis, les conséquences de ce vol ?

7. Le désespoir rend-il Harpagon plus humain ? Justifiez votre réponse après avoir relu la scène 7.

8. Quel est l'effet produit sur le spectateur par cette scène à un seul personnage ?

LE COMIQUE

9. Pourquoi les scènes 4 et 5 sont-elles drôles ? Quelles impressions produisent sur le spectateur l'abondance et la diversité des procédés utilisés par l'auteur ?

10. Quelles différences voyez-vous entre ces deux scènes ? Comment réagit le spectateur ?

11. Faites une remarque sur la longueur des répliques dans la dernière partie de la scène 5. Quel est l'effet produit ?

12. Quel rôle Molière fait-il jouer au public dans la scène 7 ? À votre avis, comment réagiriez-vous si vous étiez dans la salle ?

L'EXPRESSION ET LES IDÉES

13. Comment s'appelle une scène dans laquelle un seul personnage prend la parole ? Aidez-vous du « Petit dictionnaire », p. 196, pour répondre.

14. Relevez, dans la scène 7, certaines expressions montrant que l'argent est personnalisé dans l'esprit de l'avare.

15. Par quels procédés (type et longueur des phrases, ponctuation, vocabulaire) Molière rend-il ce monologue particulièrement expressif ?

16. Quels sentiments successifs Harpagon traduit-il au cours de sa tirade de la scène 7 ? Montrez, en citant quelques expressions, que son trouble est extrême. Estimez-vous, comme certains critiques, qu'il a perdu la raison ? Justifiez votre réponse.

17. D'après cette même scène, qui intervient en cas de vol à l'époque de Molière ? Quelle procédure suit-on aujourd'hui dans un cas semblable ?

Ensemble de l'acte IV

1. Qu'apporte cet acte à la pièce ?

2. Récapitulez les principaux événements survenus au cours de cet acte et faites l'inventaire de tous les problèmes restés en suspens.

3. Complétez le portrait d'Harpagon esquissé précédemment en relevant les différents aspects de son personnage dans l'acte IV : l'amoureux, le père, l'avare.

4. La tradition distingue le « haut comique », qui associe le sentiment et la réflexion au rire, et le « bas comique », plus direct et plus grossier. Par quels traits l'acte IV se rattache-t-il à ces deux types de comique ?

5. Pourquoi peut-on dire que, dans l'acte IV, Molière pratique le mélange des tons ? Que peut-on en déduire sur la comédie en général ?

6. Retrouvez les deux scènes les plus courtes de cet acte : quelle est leur utilité technique ?

7. Pourquoi peut-on dire que la scène 7 constitue un « coup de théâtre » ?

Acte V

SCÈNE PREMIÈRE. HARPAGON, LE COMMISSAIRE, SON CLERC.

LE COMMISSAIRE.   Laissez-moi faire, je sais mon métier, Dieu merci. Ce n'est pas d'aujourd'hui que je me mêle de découvrir des vols, et je voudrais avoir autant de sacs de mille francs que j'ai fait pendre de personnes.

5 HARPAGON.   Tous les magistrats sont intéressés à prendre cette affaire en main ; et, si l'on ne me fait retrouver mon argent, je demanderai justice de la justice.

LE COMMISSAIRE.   Il faut faire toutes les poursuites requises. Vous dites qu'il y avait dans cette cassette ?

10 HARPAGON.   Dix mille écus bien comptés.

LE COMMISSAIRE.   Dix mille écus ?

HARPAGON.   Dix mille écus.

LE COMMISSAIRE.   Le vol est considérable.

HARPAGON.   Il n'y a point de supplice assez grand
15 pour l'énormité de ce crime ; et, s'il demeure impuni, les choses les plus sacrées ne sont plus en sûreté.

LE COMMISSAIRE.   En quelles espèces était cette somme ?

HARPAGON.   En bons louis d'or et pistoles bien trébuchantes[1].

20 LE COMMISSAIRE.   Qui soupçonnez-vous de ce vol ?

---

1. *Trébuchantes :* se dit de monnaies qui ont le poids d'or ou d'argent conforme à la réglementation.

HARPAGON. Tout le monde ; et je veux que vous arrêtiez prisonniers[1] la ville et les faubourgs.

LE COMMISSAIRE. Il faut, si vous m'en croyez, n'effaroucher personne, et tâcher doucement d'attraper
25 quelques preuves, afin de procéder après, par la rigueur, au recouvrement des deniers qui vous ont été pris.

SCÈNE 2. MAÎTRE JACQUES, HARPAGON, LE COMMISSAIRE, SON CLERC.

MAÎTRE JACQUES, *au bout du théâtre, en se retournant du côté dont il sort.* Je m'en vais revenir. Qu'on me l'égorge tout à l'heure, qu'on me lui fasse griller les pieds, qu'on me le mette dans l'eau bouillante, et qu'on me le pende
5 au plancher.

HARPAGON. Qui ? celui qui m'a dérobé ?

MAÎTRE JACQUES. Je parle d'un cochon de lait que votre intendant me vient d'envoyer, et je veux vous l'accommoder à ma fantaisie.

10 HARPAGON. Il n'est pas question de cela, et voilà monsieur à qui il faut parler d'autre chose.

LE COMMISSAIRE. Ne vous épouvantez point. Je suis homme à ne vous point scandaliser[2], et les choses iront dans la douceur.

15 MAÎTRE JACQUES. Monsieur est de votre souper ?

---

1. *Arrêtiez prisonniers :* fassiez prisonniers.
2. *Scandaliser :* causer du tort.

LE COMMISSAIRE. Il faut ici, mon cher ami, ne rien cacher à votre maître.

MAÎTRE JACQUES. Ma foi, monsieur, je montrerai tout ce que je sais faire, et je vous traiterai du mieux qu'il
20 me sera possible.

HARPAGON. Ce n'est pas là l'affaire.

MAÎTRE JACQUES. Si je ne vous fais pas aussi bonne chère que je voudrais, c'est la faute de monsieur notre intendant, qui m'a rogné les ailes avec les ciseaux de
25 son économie.

HARPAGON. Traître, il s'agit d'autre chose que de souper, et je veux que tu me dises des nouvelles de l'argent qu'on m'a pris.

MAÎTRE JACQUES. On vous a pris de l'argent ?

30 HARPAGON. Oui, coquin ! et je m'en vais te pendre si tu ne me le rends.

LE COMMISSAIRE. Mon Dieu, ne le maltraitez point. Je vois à sa mine qu'il est honnête homme, et que, sans se faire mettre en prison, il vous découvrira ce que
35 vous voulez savoir. Oui, mon ami, si vous nous confessez la chose, il ne vous sera fait aucun mal et vous serez récompensé comme il faut par votre maître. On lui a pris aujourd'hui son argent, et il n'est pas que[1] vous ne sachiez quelques nouvelles de cette affaire.

40 MAÎTRE JACQUES, *à part*. Voici justement ce qu'il me faut pour me venger de notre intendant : depuis qu'il est entré céans, il est le favori, on n'écoute que ses conseils ; et j'ai aussi sur le cœur les coups de bâton de tantôt.

---

1. *Il n'est pas que :* il n'est pas possible que.

133

45 HARPAGON.   Qu'as-tu à ruminer ?

LE COMMISSAIRE.   Laissez-le faire. Il se prépare à vous contenter, et je vous ai bien dit qu'il était honnête homme.

MAÎTRE JACQUES.   Monsieur, si vous voulez que je vous
50 dise les choses, je crois que c'est monsieur votre cher intendant qui a fait le coup.

HARPAGON.   Valère ?

MAÎTRE JACQUES.   Oui.

HARPAGON.   Lui, qui me paraît si fidèle ?

55 MAÎTRE JACQUES.   Lui-même. Je crois que c'est lui qui vous a dérobé.

HARPAGON.   Et sur quoi le crois-tu ?

MAÎTRE JACQUES.   Sur quoi ?

HARPAGON.   Oui.

60 MAÎTRE JACQUES.   Je le crois... sur ce que je le crois.

LE COMMISSAIRE.   Mais il est nécessaire de dire les indices que vous avez.

HARPAGON.   L'as-tu vu rôder autour du lieu où j'avais mis mon argent ?

65 MAÎTRE JACQUES.   Oui, vraiment. Où était-il votre argent ?

HARPAGON.   Dans le jardin.

MAÎTRE JACQUES.   Justement. Je l'ai vu rôder dans le jardin. Et dans quoi est-ce que cet argent était ?

70 HARPAGON.   Dans une cassette.

MAÎTRE JACQUES.   Voilà l'affaire. Je lui ai vu une cassette.

HARPAGON.   Et cette cassette, comme est-elle faite ? Je verrai bien si c'est la mienne.

75 MAÎTRE JACQUES.   Comment elle est faite ?

HARPAGON. Oui.

MAÎTRE JACQUES. Elle est faite... elle est faite comme une cassette.

LE COMMISSAIRE. Cela s'entend. Mais dépeignez-la un
80 peu, pour voir.

MAÎTRE JACQUES. C'est une grande cassette.

HARPAGON. Celle qu'on m'a volée est petite.

MAÎTRE JACQUES. Eh oui ! elle est petite, si on le veut prendre par là ; mais je l'appelle grande pour ce qu'elle
85 contient.

LE COMMISSAIRE. Et de quelle couleur est-elle ?

MAÎTRE JACQUES. De quelle couleur ?

LE COMMISSAIRE. Oui.

MAÎTRE JACQUES. Elle est de couleur... là, d'une certaine
90 couleur... Ne sauriez-vous m'aider à dire ?

HARPAGON. Euh !

MAÎTRE JACQUES. N'est-elle pas rouge ?

HARPAGON. Non, grise.

MAÎTRE JACQUES. Eh ! oui, gris-rouge ; c'est ce que je
95 voulais dire.

HARPAGON. Il n'y a point de doute. C'est elle assurément. Écrivez, monsieur, écrivez sa déposition. Ciel ! à qui désormais se fier ? Il ne faut plus jurer de rien ; et je crois, après cela, que je suis homme à me
100 voler moi-même.

MAÎTRE JACQUES. Monsieur, le voici qui revient. Ne lui allez pas dire au moins que c'est moi qui vous ai découvert cela.

SCÈNE 3. VALÈRE, HARPAGON,
LE COMMISSAIRE, SON CLERC, MAÎTRE JACQUES.

HARPAGON. Approche. Viens confesser l'action la plus noire, l'attentat le plus horrible qui jamais ait été commis.

VALÈRE. Que voulez-vous, monsieur ?

5 HARPAGON. Comment, traître, tu ne rougis pas de ton crime ?

VALÈRE. De quel crime voulez-vous donc parler ?

HARPAGON. De quel crime je veux parler, infâme ! comme si tu ne savais pas ce que je veux dire ! C'est
10 en vain que tu prétendrais de le déguiser : l'affaire est découverte, et l'on vient de m'apprendre tout. Comment ! abuser ainsi de ma bonté et s'introduire exprès chez moi pour me trahir, pour me jouer un tour de cette nature !

15 VALÈRE. Monsieur, puisqu'on vous a découvert tout, je ne veux point chercher de détours et vous nier la chose.

MAÎTRE JACQUES, *à part*. Oh ! oh ! Aurais-je deviné sans y penser ?

20 VALÈRE. C'était mon dessein de vous en parler, et je voulais attendre pour cela des conjonctures[1] favorables ; mais, puisqu'il est ainsi, je vous conjure de ne vous point fâcher et de vouloir entendre mes raisons.

HARPAGON. Et quelles belles raisons peux-tu me donner,
25 voleur infâme ?

---

1. *Conjonctures* : circonstances.

VALÈRE.   Ah ! monsieur, je n'ai pas mérité ces noms. Il est vrai que j'ai commis une offense envers vous ; mais, après tout, ma faute est pardonnable.

HARPAGON.   Comment, pardonnable ? Un guet-apens, 30 un assassinat de la sorte ?

VALÈRE.   De grâce, ne vous mettez point en colère. Quand vous m'aurez ouï, vous verrez que le mal n'est pas si grand que vous le faites.

HARPAGON.   Le mal n'est pas si grand que je le fais ! 35 Quoi ! mon sang, mes entrailles, pendard !

VALÈRE.   Votre sang, monsieur, n'est pas tombé dans de mauvaises mains. Je suis d'une condition à ne lui point faire de tort, et il n'y a rien en tout ceci que je ne puisse bien réparer.

40 HARPAGON.   C'est bien mon intention, et que tu me restitues ce que tu m'as ravi.

VALÈRE.   Votre honneur, monsieur, sera pleinement satisfait.

HARPAGON.   Il n'est pas question d'honneur là-dedans. 45 Mais, dis-moi, qui t'a porté à cette action ?

VALÈRE.   Hélas ! me le demandez-vous ?

HARPAGON.   Oui, vraiment, je te le demande.

VALÈRE.   Un dieu qui porte les excuses de tout ce qu'il fait faire : l'Amour.

50 HARPAGON.   L'Amour ?

VALÈRE.   Oui.

HARPAGON.   Bel amour, bel amour, ma foi ! l'amour de mes louis d'or !

VALÈRE.   Non, monsieur, ce ne sont point vos richesses 55 qui m'ont tenté, ce n'est pas cela qui m'a ébloui, et je

proteste de ne prétendre rien à tous vos biens[1], pourvu
que vous me laissiez celui que j'ai.

HARPAGON.   Non ferai[2], de par tous les diables ! je ne
te le laisserai pas. Mais voyez quelle insolence de vouloir
60 retenir le vol qu'il m'a fait !

VALÈRE.   Appelez-vous cela un vol ?

HARPAGON.   Si je l'appelle un vol ! un trésor comme
celui-là !

VALÈRE.   C'est un trésor, il est vrai, et le plus précieux
65 que vous ayez sans doute ; mais ce ne sera pas le
perdre que de me le laisser. Je vous le demande à
genoux, ce trésor plein de charmes ; et, pour bien faire,
il faut que vous me l'accordiez.

HARPAGON.   Je n'en ferai rien. Qu'est-ce à dire cela ?

70 VALÈRE.   Nous nous sommes promis une foi mutuelle,
et avons fait serment de ne nous point abandonner.

HARPAGON.   Le serment est admirable, et la promesse
plaisante !

VALÈRE.   Oui, nous nous sommes engagés d'être l'un
75 à l'autre à jamais.

HARPAGON.   Je vous en empêcherai bien, je vous assure.

VALÈRE.   Rien que la mort ne nous peut séparer.

HARPAGON.   C'est être bien endiablé après mon argent.

VALÈRE.   Je vous ai déjà dit, monsieur, que ce n'était
80 point l'intérêt qui m'avait poussé à faire ce que j'ai
fait. Mon cœur n'a point agi par les ressorts que vous
pensez, et un motif plus noble m'a inspiré cette
résolution.

---

1. *Je proteste ... vos biens* : je ne veux rien de tout votre argent.
2. *Non ferai* : je n'en ferai rien.

HARPAGON.   Vous verrez que c'est par charité chrétienne
85 qu'il veut avoir mon bien. Mais j'y donnerai bon ordre,
et la justice, pendard effronté, me va faire raison de
tout.

VALÈRE.   Vous en userez comme vous voudrez, et me
voilà prêt à souffrir toutes les violences qu'il vous
90 plaira ; mais je vous prie de croire au moins que, s'il
y a du mal, ce n'est que moi qu'il en faut accuser, et
que votre fille en tout ceci n'est aucunement coupable.

HARPAGON.   Je le crois bien, vraiment ; il serait fort
étrange que ma fille eût trempé dans ce crime. Mais je
95 veux ravoir mon affaire[1], et que tu me confesses en
quel endroit tu me l'as enlevée.

VALÈRE.   Moi ? Je ne l'ai point enlevée, et elle est
encore chez vous.

HARPAGON, *à part.*   Ô ma chère cassette ! *(Haut.)* Elle
100 n'est point sortie de ma maison ?

VALÈRE.   Non, monsieur.

HARPAGON.   Hé ! dis-moi donc un peu : tu n'y as
point touché ?

VALÈRE.   Moi, y toucher ! Ah ! vous lui faites tort,
105 aussi bien qu'à moi ; et c'est d'une ardeur toute pure
et respectueuse que j'ai brûlé pour elle.

HARPAGON, *à part.*   Brûlé pour ma cassette !

VALÈRE.   J'aimerais mieux mourir que de lui avoir fait
paraître aucune pensée offensante : elle est trop sage et
110 trop honnête pour cela.

HARPAGON, *à part.*   Ma cassette trop honnête !

---

1. *Mon affaire* : mon bien, mon argent.

VALÈRE. Tous mes désirs se sont bornés à jouir de sa vue, et rien de criminel n'a profané[1] la passion que ses beaux yeux m'ont inspirée.

115 HARPAGON, *à part.* Les beaux yeux de ma cassette ! Il parle d'elle comme un amant d'une maîtresse.

VALÈRE. Dame Claude, monsieur, sait la vérité de cette aventure, et elle vous peut rendre témoignage...

HARPAGON. Quoi ! ma servante est complice de l'af-
120 faire.

VALÈRE. Oui, monsieur, elle a été témoin de notre engagement ; et c'est après avoir connu l'honnêteté de ma flamme[2] qu'elle m'a aidé à persuader votre fille de me donner sa foi et recevoir la mienne.

125 HARPAGON, *à part.* Eh ! Est-ce que la peur de la justice le fait extravaguer ? *(À Valère.)* Que nous brouilles-tu ici de ma fille[3] ?

VALÈRE. Je dis, monsieur, que j'ai eu toutes les peines du monde à faire consentir sa pudeur à ce que voulait
130 mon amour.

HARPAGON. La pudeur de qui ?

VALÈRE. De votre fille ; et c'est seulement depuis hier qu'elle a pu se résoudre à nous signer mutuellement une promesse de mariage.

135 HARPAGON. Ma fille t'a signé une promesse de mariage ?

---

1. *Profané* : dégradé.
2. *Ma flamme* : mon amour.
3. *Que ... ma fille* : pourquoi nous embrouilles-tu en parlant maintenant de ma fille ?

VALÈRE.   Oui, monsieur, comme de ma part je lui en ai signé une.

HARPAGON.   Ô ciel ! autre disgrâce !

140 MAÎTRE JACQUES, *au commissaire*.   Écrivez, monsieur, écrivez.

HARPAGON.   Rengrégement[1] de mal ! surcroît de désespoir ! Allons, monsieur, faites le dû de votre charge[2] et dressez-lui-moi son procès comme larron[3] et comme
145 suborneur[4].

VALÈRE.   Ce sont des noms qui ne me sont point dus ; et quand on saura qui je suis...

SCÈNE 4.   ÉLISE, MARIANE, FROSINE, HARPAGON, VALÈRE, MAÎTRE JACQUES, LE COMMISSAIRE, SON CLERC.

HARPAGON.   Ah ! fille scélérate, fille indigne d'un père comme moi ! c'est ainsi que tu pratiques les leçons que je t'ai données ! Tu te laisses prendre d'amour pour un voleur infâme, et tu lui engages ta foi sans mon
5 consentement ! Mais vous serez trompés[5] l'un et l'autre.

---

1. *Rengrégement* : accroissement.
2. *Le dû de votre charge* : votre travail.
3. *Larron* : voleur.
4. *Suborneur* : séducteur.
5. *Trompés* : déjoués.

(À Élise.) Quatre bonnes murailles[1] me répondront de ta conduite ; *(à Valère)* et une bonne potence me fera raison de ton audace.

VALÈRE.   Ce ne sera point votre passion[2] qui jugera l'affaire ; et l'on m'écoutera au moins avant que de me condamner.

HARPAGON.   Je me suis abusé[3] de dire une potence, et tu seras roué tout vif[4].

ÉLISE, *à genoux devant son père.*   Ah ! mon père, prenez des sentiments un peu plus humains, je vous prie, et n'allez point pousser les choses dans les dernières violences du pouvoir paternel. Ne vous laissez point entraîner aux premiers mouvements de votre passion, et donnez-vous le temps de considérer ce que vous voulez faire. Prenez la peine de mieux voir celui dont vous vous offensez ; il est tout autre que vos yeux ne le jugent, et vous trouverez moins étrange que je me sois donnée à lui lorsque vous saurez que sans lui vous ne m'auriez plus il y a longtemps. Oui, mon père, c'est celui qui me sauva de ce grand péril que vous savez que je courus dans l'eau, et à qui vous devez la vie de cette même fille dont...

HARPAGON.   Tout cela n'est rien, et il valait bien mieux pour moi qu'il te laissât noyer que de faire ce qu'il a fait.

---

1.   *Quatre bonnes murailles :* les murs d'un couvent.
2.   *Passion :* colère.
3.   *Je me suis abusé :* je me suis trompé.
4.   *Roué tout vif :* châtiment des voleurs de grand chemin qu'on laissait mourir attachés à une roue, après leur avoir rompu les membres.

Détail d'une gravure d'Oudry (1686-1755),
illustrant la fable de La Fontaine :
l'Avare qui a perdu son trésor.

ÉLISE.　Mon père, je vous conjure par l'amour paternel de me...

HARPAGON.　Non, non, je ne veux rien entendre, et il faut que la justice fasse son devoir.

35 MAÎTRE JACQUES, *à part.*　Tu me payeras mes coups de bâton.

FROSINE, *à part.*　Voici un étrange embarras[1].

---

1. *Étrange embarras :* situation extrêmement compliquée.

Acte V Scènes 1 à 4

L'ACTION ET LES PERSONNAGES

1. Procédez à un découpage de la scène 2 en donnant un titre significatif à chaque partie.

2. À quelle scène antérieure à cette scène 2 renvoie la vengeance de maître Jacques ?

3. Quelles qualités montre le commissaire dans les deux premières scènes ? Citez le texte.

4. Maître Jacques est-il aussi sympathique dans la scène 2 que dans les scènes précédentes ? Développez votre point de vue.

5. Attribuez à chaque partie de la scène 3 le titre qui lui convient : le quiproquo ; l'accusation ; l'aveu.

6. Dans la scène 4 (l. 31), Élise invoque l'« amour paternel ». Que pensez-vous de ces termes appliqués à Harpagon ?

LE COMIQUE

7. En quoi consiste le quiproquo du début de la scène 2 ? Qui en est directement responsable ? Aidez-vous du « Petit dictionnaire », p. 196.

8. Suivez de près l'interrogatoire de maître Jacques dans la scène 2. Comment le mécanisme question-réponse fonctionne-t-il ? Qui interroge et qui répond tour à tour ? Pourquoi rions-nous ?

9. Sur quels mots en particulier le quiproquo de la scène 3 est-il construit ? Quels sens ces mots ont-ils respectivement pour Harpagon et pour Valère ? Pourquoi est-ce drôle ?

L'EXPRESSION

10. Relevez dans la scène 3 des expressions d'Harpagon où celui-ci montre que son argent est une partie de lui-même.

11. Quels termes Harpagon utilise-t-il pour désigner le vol dont il a été victime ? Que remarquez-vous ?

12. Quel est le sens du mot « passion » dans la scène 4 ? Quel est son sens actuel ? Aidez-vous d'un dictionnaire pour répondre.

SCÈNE 5. ANSELME, HARPAGON, ÉLISE, MARIANE, FROSINE, VALÈRE, MAÎTRE JACQUES, LE COMMISSAIRE, SON CLERC.

ANSELME.   Qu'est-ce, seigneur Harpagon ? je vous vois tout ému.

HARPAGON.   Ah ! seigneur Anselme, vous me voyez le plus infortuné de tous les hommes, et voici bien du
5 trouble et du désordre au contrat que vous venez faire ! On m'assassine dans le bien, on m'assassine dans l'honneur ; et voilà un traître, un scélérat qui a violé tous les droits les plus saints, qui s'est coulé chez moi sous le titre de domestique pour me dérober mon
10 argent et pour me suborner ma fille.

VALÈRE.   Qui songe à votre argent, dont vous me faites un galimatias[1] ?

HARPAGON.   Oui, ils se sont donné l'un à l'autre une promesse de mariage. Cet affront vous regarde, seigneur
15 Anselme, et c'est vous qui devez vous rendre partie contre lui[2] et faire toutes les poursuites de la justice pour vous venger de son insolence.

ANSELME.   Ce n'est pas mon dessein de me faire épouser par force et de rien prétendre à[3] un cœur qui
20 se serait donné ; mais, pour vos intérêts, je suis prêt à les embrasser ainsi que les miens propres.

HARPAGON.   Voilà, monsieur, qui est un honnête commissaire, qui n'oubliera rien, à ce qu'il m'a dit, de

---

1. *Galimatias :* discours embrouillé.
2. *Vous rendre partie contre lui :* l'attaquer en justice.
3. *De rien prétendre à :* de m'imposer à.

la fonction de son office. *(Au commissaire.)* Chargez-le
25 comme il faut, monsieur, et rendez les choses bien
criminelles.

VALÈRE.   Je ne vois pas quel crime on me peut faire
de la passion que j'ai pour votre fille, et le supplice où
vous croyez que je puisse être condamné pour notre
30 engagement, lorsqu'on saura ce que je suis...

HARPAGON.   Je me moque de tous ces contes ; et le
monde aujourd'hui n'est plein que de ces larrons de
noblesse[1], que de ces imposteurs qui tirent avantage de
leur obscurité et s'habillent insolemment du premier
35 nom illustre qu'ils s'avisent de prendre.

VALÈRE.   Sachez que j'ai le cœur trop bon[2] pour me
parer de quelque chose qui ne soit point à moi, et que
tout Naples peut rendre témoignage de ma naissance.

ANSELME.   Tout beau. Prenez garde à ce que vous allez
40 dire. Vous risquez ici plus que vous ne pensez, et vous
parlez devant un homme à qui tout Naples est connu,
et qui peut aisément voir clair dans l'histoire que vous
ferez.

VALÈRE, *en mettant fièrement son chapeau.*   Je ne suis point
45 homme à rien craindre ; et, si Naples vous est connu,
vous savez qui était dom Thomas d'Alburcy.

ANSELME.   Sans doute je le sais, et peu de gens l'ont
connu mieux que moi.

HARPAGON.   Je ne me soucie ni de dom Thomas ni
50 de dom Martin.

ANSELME.   De grâce, laissez-le parler ; nous verrons ce
qu'il en veut dire.

---

1. *Larrons de noblesse :* faux nobles.
2. *Bon :* noble.

VALÈRE.   Je veux dire que c'est lui qui m'a donné le jour.

55 ANSELME.   Lui ?

VALÈRE.   Oui.

ANSELME.   Allez. Vous vous moquez. Cherchez quelque autre histoire qui vous puisse mieux réussir, et ne prétendez pas vous sauver sous cette imposture.

60 VALÈRE.   Songez à mieux parler. Ce n'est point une imposture, et je n'avance rien qu'il ne me soit aisé de justifier.

ANSELME.   Quoi ! vous osez vous dire fils de dom Thomas d'Alburcy ?

65 VALÈRE.   Oui, je l'ose, et je suis prêt de[1] soutenir cette vérité contre qui que ce soit.

ANSELME.   L'audace est merveilleuse ! Apprenez, pour vous confondre, qu'il y a seize ans pour le moins que l'homme dont vous nous parlez périt sur mer avec ses 70 enfants et sa femme en voulant dérober[2] leur vie aux cruelles persécutions qui ont accompagné les désordres de Naples[3], et qui en firent exiler plusieurs nobles familles.

VALÈRE.   Oui ; mais apprenez, pour vous confondre, 75 vous, que son fils, âgé de sept ans, avec un domestique, fut sauvé de ce naufrage par un vaisseau espagnol, et que ce fils sauvé est celui qui vous parle. Apprenez que le capitaine de ce vaisseau, touché de ma fortune, prit

---

1. *Je suis prêt de :* je suis prêt à.
2. *Dérober :* soustraire.
3. *Les désordres de Naples :* sans doute la révolte de Masaniello (1647) contre la domination espagnole.

amitié pour moi, qu'il me fit élever comme son propre
80 fils, et que les armes furent mon emploi dès que je
m'en trouvai capable ; que j'ai su depuis peu que mon
père n'était point mort, comme je l'avais toujours cru ;
que, passant ici pour l'aller chercher, une aventure par
le ciel concertée[1] me fit voir la charmante Élise ; que
85 cette vue me rendit esclave de ses beautés, et que la
violence de mon amour et les sévérités de son père me
firent prendre la résolution de m'introduire dans son
logis et d'envoyer un autre à la quête de mes parents.

ANSELME.   Mais quels témoignages encore, autres que
90 vos paroles, nous peuvent assurer que ce ne soit point
une fable que vous ayez bâtie sur une vérité ?

VALÈRE.   Le capitaine espagnol, un cachet de rubis qui
était à mon père, un bracelet d'agate que ma mère
m'avait mis au bras, le vieux Pedro, ce domestique qui
95 se sauva avec moi du naufrage.

MARIANE.   Hélas ! à vos paroles, je puis ici répondre,
moi, que vous n'imposez point[2] ; et tout ce que vous
dites me fait connaître clairement que vous êtes mon
frère.

100 VALÈRE.   Vous, ma sœur ?

MARIANE.   Oui, mon cœur s'est ému dès le moment
que vous avez ouvert la bouche ; et notre mère, que
vous allez ravir, m'a mille fois entretenue des disgrâces[3]
de notre famille. Le ciel ne nous fit point aussi[4] périr
105 dans ce triste naufrage ; mais il ne nous sauva la vie

---

1. *Concertée :* décidée.
2. *Vous n'imposez point :* vous ne mentez pas.
3. *Disgrâces :* malheurs.
4. *Point aussi :* pas non plus.

que par la perte de notre liberté, et ce furent des
corsaires qui nous recueillirent, ma mère et moi, sur
un débris de notre vaisseau. Après dix ans d'esclavage,
une heureuse fortune nous rendit notre liberté, et nous
110 retournâmes dans Naples, où nous trouvâmes tout notre
bien vendu, sans y pouvoir trouver des nouvelles de
notre père. Nous passâmes à Gênes, où ma mère alla
ramasser quelques malheureux restes d'une succession
qu'on avait déchirée[1], et de là, fuyant la barbare injustice
115 de ses parents, elle vint en ces lieux, où elle n'a presque
vécu que d'une vie languissante.

ANSELME.   Ô ciel, quels sont les traits de ta puissance !
et que tu fais bien voir qu'il n'appartient qu'à toi de
faire des miracles ! Embrassez-moi, mes enfants, et
120 mêlez tous deux vos transports à ceux de votre père.

VALÈRE.   Vous êtes notre père ?

MARIANE.   C'est vous que ma mère a tant pleuré ?

ANSELME.   Oui, ma fille, oui, mon fils, je suis dom
Thomas d'Alburcy, que le ciel garantit des ondes[2] avec
125 tout l'argent qu'il portait, et qui, vous ayant tous crus
morts durant plus de seize ans, se préparait, après de
longs voyages, à chercher dans l'hymen d'une douce et
sage personne la consolation de quelque nouvelle famille.
Le peu de sûreté que j'ai vu pour ma vie à retourner
130 à Naples m'a fait y renoncer pour toujours, et, ayant
su trouver moyen d'y faire vendre ce que j'avais, je me
suis habitué[3] ici, où, sous le nom d'Anselme, j'ai voulu

---

1. *Déchirée* : dispersée.
2. *Garantit des ondes* : protégea du naufrage.
3. *Je me suis habitué* : je me suis installé.

m'éloigner les chagrins[1] de cet autre nom qui m'a causé tant de traverses.

135 HARPAGON.   C'est là votre fils ?

ANSELME.   Oui.

HARPAGON.   Je vous prends à partie[2] pour me payer dix mille écus qu'il m'a volés.

ANSELME.   Lui, vous avoir volé ?

140 HARPAGON.   Lui-même.

VALÈRE.   Qui vous dit cela ?

HARPAGON.   Maître Jacques.

VALÈRE.   C'est toi qui le dis ?

MAÎTRE JACQUES.   Vous voyez que je ne dis rien.

145 HARPAGON.   Oui. Voilà monsieur le commissaire qui a reçu sa déposition.

VALÈRE.   Pouvez-vous me croire capable d'une action si lâche ?

HARPAGON.   Capable ou non capable, je veux ravoir
150 mon argent.

SCÈNE 6. CLÉANTE, VALÈRE, MARIANE, ÉLISE, FROSINE, HARPAGON, ANSELME, MAÎTRE JACQUES, LA FLÈCHE, LE COMMISSAIRE, SON CLERC.

CLÉANTE.   Ne vous tourmentez point, mon père, et n'accusez personne. J'ai découvert des nouvelles de votre affaire, et je viens ici pour vous dire que, si vous voulez

---

1. *M'éloigner les chagrins* : éloigner de moi les chagrins.
2. *Je vous prends à partie* : je vous poursuis en justice.

vous résoudre à me laisser épouser Mariane, votre argent
5 vous sera rendu.

HARPAGON. Où est-il ?

CLÉANTE. Ne vous mettez point en peine. Il est en
lieu dont je réponds, et tout ne dépend que de moi.
C'est à vous de me dire à quoi vous vous déterminez ;
10 et vous pouvez choisir, ou de me donner Mariane, ou
de perdre votre cassette.

HARPAGON. N'en a-t-on rien ôté ?

CLÉANTE. Rien du tout. Voyez si c'est votre dessein
de souscrire à ce mariage et de joindre votre consentement
15 à celui de sa mère, qui lui laisse la liberté de faire un
choix entre nous deux.

MARIANE. Mais vous ne savez pas que ce n'est pas
assez que ce consentement et que le ciel, avec un frère
que vous voyez, vient de me rendre un père dont vous
20 avez à m'obtenir.

ANSELME. Le ciel, mes enfants, ne me redonne point
à vous pour être contraire à vos vœux. Seigneur
Harpagon, vous jugez bien que le choix d'une jeune
personne tombera sur le fils plutôt que sur le père.
25 Allons, ne vous faites point dire ce qu'il n'est pas
nécessaire d'entendre et consentez ainsi que moi à ce
double hyménée[1].

HARPAGON. Il faut, pour me donner conseil, que je
voie ma cassette.

30 CLÉANTE. Vous la verrez saine et entière.

HARPAGON. Je n'ai point d'argent à donner en mariage
à mes enfants.

---

1. *Hyménée :* mariage.

ANSELME.   Hé bien, j'en ai pour eux, que cela ne vous inquiète point.

35 HARPAGON.   Vous obligerez-vous à faire tous les frais de ces deux mariages ?

ANSELME.   Oui, je m'y oblige. Êtes-vous satisfait ?

HARPAGON.   Oui, pourvu que pour les noces vous me fassiez faire un habit.

40 ANSELME.   D'accord. Allons jouir de l'allégresse que cet heureux jour nous présente.

LE COMMISSAIRE.   Holà, messieurs, holà ! Tout doucement, s'il vous plaît. Qui me payera mes écritures[1] ?

HARPAGON.   Nous n'avons que faire de vos écritures.

45 LE COMMISSAIRE.   Oui. Mais je ne prétends pas, moi, les avoir faites pour rien.

HARPAGON, *montrant maître Jacques*.   Pour votre payement, voilà un homme que je vous donne à pendre.

MAÎTRE JACQUES.   Hélas ! comment faut-il donc faire ?
50 On me donne des coups de bâton pour dire vrai, et on me veut pendre pour mentir.

ANSELME.   Seigneur Harpagon, il faut lui pardonner cette imposture !

HARPAGON.   Vous payerez donc le commissaire ?

55 ANSELME.   Soit. Allons vite faire part de notre joie à votre mère.

HARPAGON.   Et moi, voir ma chère cassette.

J. B. P. Molière

---

1. *Écritures :* la déposition de maître Jacques enregistrée par le commissaire.

Acte V Scènes 5 et 6

L'ACTION ET LES PERSONNAGES

1. Reconstituez les aventures de la famille d'Alburcy.

2. Après avoir vérifié la signification du mot « romanesque » dans votre dictionnaire, montrez que ce mot convient parfaitement aux récits d'Anselme, de Valère et de Mariane.

3. Dans quelle scène, au cours de la pièce, a-t-il été fait allusion au seigneur Anselme ?

4. Par quels mots ce personnage éveille-t-il la sympathie du spectateur au début de la scène 5 ?

5. Par quelles paroles Anselme montre-t-il sa sagesse dans la scène 6 ?

6. Quelle est la nature du chantage qu'exerce Cléante sur son père dans la scène 6 ?

7. Quelle nouvelle forme l'avarice d'Harpagon prend-elle dans la scène 6 ? Pourquoi ne songe-t-il plus à épouser Mariane ?

8. Qui sont les grands gagnants de cette scène 6 ?

EXPRESSION ET COMPRÉHENSION

9. Que révèle Harpagon dans la scène 5 sur la noblesse au XVIIe siècle ?

10. Qu'apporte à la scène l'allusion à un événement historique authentique (sc. 5, l. 70 à 73) ?

11. Montrez, en vous aidant du « Petit dictionnaire », que la scène 5 a valeur de dénouement.

12. À quelles scènes antérieures la réplique de maître Jacques (sc. 6, l. 49 à 51) fait-elle allusion ? Quelles réflexions vous inspirent ces mots ?

13. Que devient le pouvoir paternel dans la scène 6 ? Montrez que cette scène donne deux images opposées de ce pouvoir des pères.

Ensemble de l'acte V

1. Récapitulez la suite des événements survenus au cours de l'acte V en suivant l'ordre chronologique. À quel moment le dénouement s'amorce-t-il ?

2. Qu'advient-il d'Élise et de Valère au cours du dénouement ? Pourquoi n'occupent-ils pas le devant de la scène ?

3. Que devient Frosine dans l'acte V ?

4. Vers quels personnages va notre sympathie à la fin de la pièce ? Pourquoi ?

5. Montrez que, dans l'acte V, l'avarice est dépeinte comme une maladie. Citez le texte.

6. Quels sont les passages les plus drôles de l'acte V ? Classez-les dans les catégories suivantes : comique de caractère, de situation, de gestes, de mots. Parmi ces catégories, laquelle vous semble la plus raffinée ? la plus grossière ? Lequel de ces procédés vous fait généralement le plus rire ?

7. Par quels aspects (action, personnages, style) l'acte V respecte-t-il les lois de la comédie telles qu'elles sont définies p. 12 ?

Ensemble de la pièce

8. Le titre de la pièce oriente l'attention du spectateur vers le personnage d'Harpagon : approuvez-vous Molière dans ce choix ? Pourquoi ?

Documentation thématique

Les plaisirs de la table au XVIIe siècle

Dans la célèbre scène 1 de l'acte III, Harpagon réunit tous ses serviteurs pour mettre au point les détails du menu qui sera offert à Mariane. S'il est facile de comprendre que l'avare désire un souper vraiment économique (« quelque bon haricot bien gras, avec quelque pâté en pot bien garni de marrons »), on ne peut vraiment apprécier la saveur de cette scène que si l'on connaît les habitudes alimentaires des contemporains de Molière.

Les marchés de Paris

La capitale a été de tout temps un énorme centre de ravitaillement. Encore pauvre en commerces d'alimentation — si l'on excepte les boucheries très nombreuses —, Paris dispose de multiples marchés où l'abondance le dispute au pittoresque.

Les grandes Halles sont déjà « le ventre de Paris » et offrent avec le marché de la vallée de Misère, près du Grand Châtelet, un choix énorme de fruits et légumes, de volailles, de viandes et de poissons, d'épices de toutes sortes tandis que fleurissent dans les autres quartiers des marchés aujourd'hui disparus : ceux du Palais-Royal ou de la place Dauphine, par exemple.

Que mange-t-on ?

Des viandes, des gibiers et des volailles
Les plus riches les mangent en grande quantité au cours d'un même repas. La princesse Palatine, belle-sœur de Louis XIV, témoigne : « J'ai vu souvent le roi manger quatre pleines assiettes de soupes diverses, un faisan entier, une perdrix, une grande assiette de salade, deux grandes tranches de jambon, du mouton au jus et à l'ail, une assiette de pâtisserie et puis encore des fruits et des œufs durs. »

Des légumes secs ou fraîchement arrivés de la campagne
Fèves, lentilles et haricots font le bonheur des petites gens en raison de leur bas prix tandis que les plus favorisés consomment volontiers des champignons, des asperges, de la laitue et surtout... des petits pois.

Relisons une lettre de Mme de Maintenon écrite en 1696 : « Le chapitre des pois dure toujours ; l'impatience d'en manger, le plaisir d'en avoir mangé et la joie d'en manger encore sont les trois points que nos princes traitent depuis quatre jours. »

Des herbes et des épices
Elles accompagnent viandes et légumes : les rôtis sont couverts de poudres parfumées à l'eau de rose, au musc et à l'ambre tandis que l'on fait une grande consommation d'ail, d'échalotes et de persil.

Du pain
En allant du plus simple au plus raffiné, on trouve le gros pain parisien, le pain blanc de Gonesse et enfin,

pour les connaisseurs — et les riches —, le pain mollet au lait et au beurre.

Des fruits

On mange toutes sortes de fruits et, même, depuis peu, des oranges que le roi a mises à la mode. On notera qu'à la cour les fruits doivent être présentés pelés et recouverts délicatement de leur pelure.

Le pays du bon vin

La France est déjà renommée pour ses vins à l'époque de Molière. Les meilleurs crus viennent de Champagne et de Bourgogne. Le champagne pétillant que nous buvons aujourd'hui vient juste d'être inventé par dom Pérignon, le cellérier (l'économe) de l'abbaye de Haut-villers, près d'Épernay, qui a eu l'idée de fermer les bouteilles avec un bouchon de liège.

Les liqueurs sont fort appréciées à la fin d'un repas : notamment le « ratafia » obtenu avec des noyaux de pêche et d'abricot, la fenouillette de l'île de Ré au goût d'anis, le populo qui présente un savant mélange d'esprit-de-vin, de sucre, de girofle, de poivre, d'anis, de coriandre, de musc et d'ambre !

La gastronomie : un art nouveau

La gastronomie est née dans les cuisines des grands seigneurs et des princes. Le cuisinier le plus fameux du XVIIe siècle est La Varenne qui travaille pour le marquis d'Uxelles. Il écrit en 1651 un énorme manuel, *le Cuisinier français*, que les gourmets de l'époque s'arrachent.

Plus tard, en 1691, le grand chef cuisinier Massialot propose une édition des meilleures recettes essayées chez le roi et dans les grandes maisons. Le titre de l'ouvrage est particulièrement évocateur : *le Cuisinier roïal et bourgeois, qui apprend à ordonner toute sorte de Repas, & la meilleure manière des Ragoûts les plus à la mode & les plus exquis. Ouvrage très-utile dans les Familles, & singulièrement nécessaire à tous Maîtres d'Hôtels, & Écuïers de Cuisine,* avec Privilège du Roi.

L'art de dresser une table

Dans les milieux aisés, une bonne maîtresse de maison attache la plus grande importance à l'art de recevoir. Sur une grande nappe blanche damassée qui recouvre la table jusqu'à terre, elle dispose des assiettes d'argent, de façon à ce qu'elles débordent légèrement. Le couvert est placé à droite de l'assiette, le tranchant du couteau tourné vers l'intérieur, la cuillère posée sur le dos.

Le manuel de Pierre David, *Maistre d'hostel qui apprend l'ordre de bien servir à table,* enseigne vingt-sept manières de plier les serviettes ! Quant aux verres, ils n'apparaissent pas encore sur la table : lorsqu'un invité a soif, un valet lui apporte de quoi se désaltérer puis retire le verre.

Le rituel des repas

Le dîner est fixé à midi, le souper à 19 heures. À table, les hommes gardent leur grand chapeau à plumes, leur manteau et leur épée. Quand la maîtresse de maison leur passe un plat, ils se découvrent et s'inclinent.

159

Le Goût.
Détail d'une gravure d'Abraham Bosse (1602-1676).

Le repas commence par une prière que chacun écoute debout et tête nue. Puis les services se succèdent, dirigés et contrôlés par le maître d'hôtel, attentif à tous les détails.

Les bonnes manières

En 1671 paraît un *Nouveau Traité de la civilité qui se pratique en France parmi les honnêtes gens*. L'auteur y donne des conseils qui en disent long sur les manières de nos ancêtres. Ainsi recommande-t-il : « Il ne faut pas manger le potage au plat, mais en mettre proprement sur son assiette. » « Il n'y a rien de plus mal appris que de lécher ses doigts, son couteau, sa cuillère ou sa fourchette ; ni rien de plus vilain que de nettoyer et essuier avec les doigts son assiette et le fond de quelque plat. » Enfin, il ne faut pas non plus « se moucher à sa serviette » et « c'est une chose très mal honneste, quand on est à la table d'une personne que l'on veut honorer, de serrer du fruit ou autre chose dans sa poche ou dans une serviette pour l'emporter » !

Manger pour vivre, et vivre pour manger

En voyage

Boule de suif, femme de mauvaise vie, voyage en diligence avec des inconnus. Elle est l'objet du mépris général : personne ne lui adresse la parole.

Vers une heure de l'après-midi, Loiseau annonça que décidément il se sentait un rude creux dans l'estomac. Tout le monde souffrait comme lui depuis longtemps, et le violent besoin de manger, augmentant toujours, avait tué les conversations.

De temps en temps quelqu'un bâillait ; un autre presque aussitôt l'imitait, et chacun, à tour de rôle, suivant son caractère, son savoir-vivre et sa position sociale, ouvrait la bouche avec fracas ou modestement en portant vite sa main devant le trou béant d'où sortait une vapeur.

Boule de suif, à plusieurs reprises, se pencha comme si elle cherchait quelque chose sous ses jupons. Elle hésitait une seconde, regardait ses voisins, puis se redressait tranquillement. Les figures étaient pâles et crispées. Loiseau affirma qu'il payerait mille francs un jambonneau. Sa femme fit un geste comme pour protester, puis elle se calma. Elle souffrait toujours en entendant parler d'argent gaspillé, et ne comprenait même pas les plaisanteries sur ce sujet. « Le fait est que je ne me sens pas bien, dit le comte ; comment n'ai-je pas songé à apporter des provisions ? » Chacun se faisait le même reproche.

Cependant Cornudet avait une gourde pleine de rhum ; il en offrit : on refusa froidement. Loiseau seul en accepta deux gouttes, et, lorsqu'il rendit la gourde, il remercia : « C'est bon tout de même, ça réchauffe, et ça trompe l'appétit. » L'alcool le mit en belle humeur et il proposa de faire comme sur le petit navire de la chanson : de manger le plus gras des voyageurs. Cette allusion indirecte à Boule de suif choqua les gens bien élevés. On ne répondit pas ; Cornudet seul eut un sourire. Les deux bonnes sœurs avaient cessé de marmotter leur rosaire, et, les mains enfoncées dans leurs grandes manches, elles se tenaient immobiles, baissant obstinément les yeux, offrant sans doute au ciel la souffrance qu'il leur envoyait.

Enfin, à trois heures, comme on se trouvait au milieu d'une plaine interminable, sans un seul village en vue, Boule de suif, se baissant vivement, retira de sous la banquette un large panier couvert d'une serviette blanche.

Elle en sortit d'abord une petite assiette de faïence, une fine timbale en argent, puis une vaste terrine dans laquelle deux poulets entiers, tout découpés, avaient confit sous leur gelée, et l'on apercevait encore dans le panier d'autres bonnes choses enveloppées, des pâtés, des fruits, des friandises, les provisions préparées pour un voyage de trois jours, afin de ne point toucher à la cuisine des auberges. Quatre goulots de bouteilles passaient entre les paquets de nourriture. Elle prit une aile de poulet et, délicatement, se mit à la manger avec un de ces petits pains qu'on appelle « Régence » en Normandie.

Guy de Maupassant, *Boule de suif*, 1880.

Les bonnes manières

Jacques, le jeune héros de *l'Enfant*, est le souffre-douleur de ses parents et de ses professeurs. Après avoir été mis en retenue pour mauvaise conduite, le voilà qui déjeune chez M. Laurier, l'économe.

J'ai fini mon pain !
   Ma mère m'a dit qu'il ne fallait jamais « demander », les enfants doivent attendre qu'on les serve.
   J'attends ! mais M. Laurier ne s'occupe plus de moi — il m'a lâché, et il mange, la tête dans un journal.

Je fais des petits bruits de fourchette, et je heurte mes dents comme une tête mécanique. Ce cliquetis à la Galopeau, à la Fattet, le décide enfin à jeter un regard, à couler un œil par-dessous *le Censeur de Lyon*, mais il voit encore de la carpe dans mon assiette, avec beaucoup de sauce.
   J'ai le cœur qui se soulève, de manger cela sans pain, mais je n'ose pas en demander !
   Du pain, du pain !

J'ai les mains comme un allumeur de réverbères, je n'ose pas m'essuyer trop souvent à la serviette. « On a l'air d'avoir les doigts trop sales, m'a dit ma mère, et cela ferait mauvais effet de voir une serviette toute tachée quand on desservira la table. »
   Je m'essuie sur mon pantalon par-derrière, — geste qui déconcerte l'économe quand il le surprend du coin de l'œil — il ne sait que penser !
   « Ça te démange ?
   — Non, m'sieu !
   — Pourquoi te grattes-tu ?
   — Je ne sais pas. »
Cette insouciance, ces réponses de rêveur et ce

fatalisme mystique finissent, je le vois bien, par lui inspirer une insurmontable répulsion.

« Tu as fini ton poisson ?

— Oui, m'sieu ! »

M. Laurier m'ôte mon assiette et m'en glisse une autre avec du ris de veau et de la sauce aux champignons.

« Mange, voyons, ne te gêne pas, mange à ta faim. »

Ah ! puisque le maître de la maison me le recommande ! et je me jette sur le ris de veau.

Pas de pain ! pas de pain !

Le veau et le poisson se rencontrent dans mon estomac sur une mer de sauce et se livrent un combat acharné.

Il me semble que j'ai un navire dans l'intérieur, un navire de beurre qui fond, et j'ai la bouche comme si j'avais mangé un pot de pommade à six sous la livre !

Le dîner est fini : il était temps ! M. Laurier me renvoie, non sans mettre son binocle pour regarder les dessins dont j'ai tigré mon pantalon bleu ; le repas finit en queue de léopard.

Jules Vallès, l'Enfant, 1878.

Une mauvaise surprise

La scène se passe dans la Russie du XIXe siècle, du temps des tsars. Elle se déroule à Saint-Pétersbourg, l'ancienne capitale.

Le 25 mars, un événement tout à fait étrange s'est produit à Pétersbourg.

Le coiffeur Ivan Iakovlévitch, demeurant perspective Voznéssensky (le souvenir de son nom de famille est perdu, et son enseigne même ne porte rien de plus que la tête d'un monsieur au visage barbouillé de savon et

l'inscription : *On saigne aussi*), le coiffeur Ivan Iakovlévitch s'éveilla d'assez bonne heure et sentit l'odeur
du pain chaud. Se soulevant à demi sur son lit, il vit
que son épouse, une dame assez respectable et qui
appréciait beaucoup le café, retirait des pains du four.

— Aujourd'hui, Prascovia Ossipovna, je ne prendrai
pas de café, dit Ivan Iakovlévitch ; je mangerai plutôt
du pain chaud et de l'oignon (Ivan Iakovlévitch se
serait volontiers régalé de café et de pain frais, mais il
savait qu'il était inutile de demander deux choses à la
fois : Prascovia Ossipovna n'admettait pas ces fantaisies).
   « Il n'a qu'à manger du pain, l'imbécile ! songea la
dame ; tant mieux pour moi : il me restera plus de
café. » Et elle lança un pain sur la table.

Soucieux des convenances, Ivan Iakovlévitch enfila
son habit par-dessus sa chemise et s'étant installé à
table, il nettoya deux oignons, les saupoudra de sel,
prit en main son couteau et, la mine solennelle, se mit
en devoir de couper le pain. L'ayant partagé en deux,
il aperçut à son grand étonnement une masse blanchâtre
dans la mie ; il piqua la chose avec précaution du bout
de son couteau, puis la tâta du doigt : « C'est dur, se
dit-il ; qu'est-ce que cela pourrait bien être ? »
   Il plongea ses doigts dans la mie et en retira... un
nez !
   Ivan Iakovlévitch en eut la respiration coupée. Il se
frotta les yeux et palpa l'objet : oui, c'était bien un nez.
Et, de plus, un nez qu'il lui semblait connaître. La
terreur se peignit sur le visage d'Ivan Iakovlévitch.
Mais cette terreur n'était rien auprès de la colère qui
s'empara de son épouse.

— Où as-tu coupé ce nez, animal ? s'écria-t-elle,
furieuse. Canaille ! ivrogne ! Je vais te livrer à la police,
brigand ! J'ai déjà entendu dire par trois personnes que
tu tirailles tellement les nez en rasant qu'ils tiennent à
peine.
   Mais Ivan Iakovlévitch était à demi mort : il avait

reconnu ce nez, qui n'était autre que le nez de l'assesseur de collège Kovalisv qu'il rasait chaque mercredi et chaque dimanche.

— Attends un peu, Prascovia Ossipovna ! Je vais l'envelopper dans un chiffon et le cacher dans un coin ; il restera là un petit temps, et ensuite je l'emporterai.

— Je ne veux rien entendre ! Que je permette, moi, de laisser traîner dans ma chambre un nez coupé !... Vieux croûton ! Il ne sait que repasser son rasoir sur le cuir et ne sera bientôt même plus capable de travailler comme il faut ! Chenapan ! Ne t'imagine pas que je vais répondre de toi au commissariat de police ! Ah, non !... saligaud ! stupide bûche ! Décampe ! Emporte-le où tu voudras, que je ne le voie plus !

Ivan Iakovlévitch demeurait tout étourdi ; il essayait de comprendre ce qui se passait et n'y parvenait pas.

Nicolas Gogol (1809-1852), « le Nez »,
Récits de Pétersbourg, traduction de Boris Schloezer,
Garnier-Flammarion, 1968.

Le pillage du garde-manger

Dans l'Angleterre du siècle dernier, Pip est un jeune orphelin recueilli par sa sœur. Sous la menace, il doit apporter des provisions à un forçat caché dans les marais alentour.

Si je dormis un peu cette nuit-là, ce fut seulement pour imaginer que je descendais le courant de la rivière vers les pontons par une forte marée de printemps ; le fantôme du pirate me cria à travers un porte-voix, quand je passai devant le gibet, que je ferais mieux d'aborder et de me faire pendre tout de suite, pour en finir. J'aurais eu peur de m'endormir pour de bon, même si j'en avais eu envie, car je savais qu'aux premières lueurs du jour il me faudrait piller le garde-manger. Je ne pouvais songer à le faire pendant la nuit, n'ayant point de lumière ; et pour tirer une étincelle du briquet, il m'eût fallu faire autant de bruit que le pirate entrechoquant ses chaînes.

Aussitôt que la grande tenture funèbre de velours noir que j'apercevais par ma lucarne se teinta de gris, je me levai et descendis l'escalier ; chaque planche craquait sous mes pas et criait : « Au voleur ! » ou « Debout, Mrs. Joe ! » Dans le garde-manger, beaucoup mieux fourni que de coutume à cause de la Noël, je pris peur à la vue d'un lièvre suspendu par les pattes et qui m'avait paru cligner de l'œil comme j'étais à demi détourné. Mais je n'avais le temps ni de vérifier le fait, ni de choisir, ni de perdre une minute. Je dérobai du pain, un morceau de fromage, une demi-jarre de hachis (que je nouai dans mon mouchoir avec ma tartine de la veille au soir), un peu de brandy que je pris dans un flacon de grès (et que je versai dans une bouteille de verre dont je me servais en cachette pour préparer ce liquide enivrant, l'eau de réglisse), diluant d'autre part l'alcool du flacon de grès à l'aide d'une cruche empruntée au buffet de la cuisine, un os sur lequel il restait encore un tout petit peu de viande, et un magnifique pâté de porc, compact et rond. Je serais parti sans le pâté si je n'étais monté sur une planche pour voir ce que l'on avait mis si soigneusement de côté dans un plat de terre couvert relégué dans un coin ; c'est ainsi que je trouvai le pâté et que je l'emportai, dans l'espoir qu'il n'était point destiné à un usage immédiat et qu'on ne s'apercevrait pas tout de suite de son absence.

Une porte de la cuisine donnait dans la forge ; je tournai la clef, poussai le verrou de cette porte et pris une lime dans les outils de Joe. Puis, après l'avoir tirée à nouveau, j'ouvris la porte par laquelle j'étais rentré le soir précédent, la refermai, et courus vers les marais brumeux.

Charles Dickens, *les Grandes Espérances*, 1861, traduction de Pierre Leyris, Grasset, 1968.

Une faim de loup

Olivier, le jeune héros des Noisettes sauvages, *est en vacances chez son oncle Victor. Il y découvre avec appétit la bonne nourriture de la campagne.*

Après ses courses au grand air, Olivier se découvrait un appétit si vaste qu'il n'était jamais repu. Le pépé disait :
« Cet Olivier, il a une telle faim qu'il la voit courir ! »

Le moindre plat préparé par la mémé était délicieux. Le meilleur : des *trifoles* (pommes de terre) coupées en dés qui chantaient dans la grande poêle noire sur le feu de ramilles et de pommes de pin. La mémé saisissait la queue du récipient, secouait un peu et, d'un coup, faisait sauter en l'air tous les légumes avec une adresse extraordinaire : aucun ne tombait à côté. Cela sentait bon, c'était de toutes les nuances du doré, et si délicat au goût qu'on fermait les yeux de plaisir.

Le soir, Olivier adorait ces grosses soupes de pain et de fromage, avec souvent du chou, de l'orge perlé ou des raves. Certaines mitonnaient longuement sur le feu et s'amélioraient encore quand on les faisait réchauffer. Il y avait aussi les pommes de terre rondes, toutes nouvelles, qu'on mangeait chaudes dans du lait froid. Chaque dimanche apportait quelque plat nouveau pour Olivier : potée somptueuse, cul de veau en cocotte, civet à l'auvergnate, ragoût de queue de bœuf, estouffade aux lentilles, chou farci... chefs-d'œuvre de cuisine rustique, en accord avec le pays et le climat, généreux et forts comme le pays bleu. Et pour les repas de fête, la mémé préparait un plat local appelé la *maoutsa*, un gâteau de riz mêlé de pain trempé, de raisins secs et de pruneaux, et qui vous faisait un ventre de propriétaire.

« Marie cuisine comme une *menette* », disait le pépé, et il ajoutait : « Quand il suffit de manger ou de se gratter, il n'y a qu'à commencer...

169

— Écoute, Olivier, jetait le tonton, ne plaisante pas. Du beurre, mets-en un bon peu sur ton pain. On n'est pas à la ville ! »

Victor trouvait toujours quelque produit de la nature pour améliorer l'ordinaire : du gibier pris au collet, des oiseaux saisis au trébuchet, des truites, des goujons, des grenouilles, des champignons. Le paysan qui tuait un cochon apportait quelque morceau de boudin frais, mis dans la grosse tripe, et bien serti d'oignons et de lard. Et s'ajoutaient les rognons, le foie, l'andouille, et autres nourritures solides que le bon air faisait bien passer.

Robert Sabatier, *les Noisettes sauvages*,
Albin Michel, 1974.

Annexes

Regards indiscrets sur une famille bourgeoise du XVIIe siècle

La comédie est un genre indiscret par nature : pour nous montrer l'homme tel qu'il est, elle met en scène des personnages pris sur le vif et nous ouvre les portes de leur vie quotidienne.

Dans *l'Avare,* Molière invite le spectateur à entrer chez Harpagon, un riche bourgeois parisien. De cette famille en apparence ordinaire, où l'on se préoccupe, comme partout, de confort, d'argent et d'amour, il n'y aurait rien à dire si l'avarice du père n'entraînait chacun dans d'inextricables difficultés...

Harpagon : un acteur de génie

Harpagon est devenu un personnage légendaire. On a maintes fois cité les multiples aspects de son vice : l'appât du gain qui fait de lui un redoutable usurier (scènes 1 et 2, acte II), l'amour de la richesse qui le transforme en tyran domestique et en père détestable (scène 4, acte I ; scène 1, acte III), sa fascination pour l'or, son obsession et sa peur du vol (scène 3, acte I).

Nombreux sont les moralistes à le condamner : il est odieux, il est fou, il est ridicule. Rusé, il s'avère pourtant naïf et stupide dès qu'on le flatte.

Mais, au-delà de ces jugements de valeur, rendons hommage à sa virtuosité : tour à tour financier, père, maître et amoureux, il montre une aptitude étonnante à changer de rôle tout en restant le même ; jusqu'à l'épisode du vol qui rompt le mécanisme, l'avare, à la manière des comédiens italiens de l'époque, se montre un acteur de génie toujours inventif, improvisant à chaque instant et déployant des trésors d'ingéniosité au service de son unique passion : l'argent. C'est ce qui fait de lui un personnage comique de tout premier ordre.

Cléante et Élise : la révolte contre le père

Cléante et Élise, à des degrés divers et sur un mode différent, incarnent la révolte contre le père. Personnage peu caractérisé, Élise, si l'on excepte la scène 4 de l'acte I, où elle fait front avec son frère, et la scène 4 de l'acte V, où elle cherche à sauver Valère de la potence, reste docile et effacée dans l'ensemble de la pièce. C'est Cléante qui se fait le porte-parole de leur commune révolte.

Pourtant, on ne trouve pas chez lui l'oreille attentive d'un frère (scène 2, acte I) ni la solidarité attendue d'un compagnon d'infortune. En effet, lorsqu'il prend position contre Harpagon, c'est pour défendre ses propres intérêts et non pour protéger sa sœur (acte IV). Figure traditionnelle du jeune homme amoureux dépourvu de personnalité, il prend de l'épaisseur dans la guerre sans merci qui l'oppose à son père et se transforme, de « blondin » et de « damoiseau » qu'il était au début de la pièce, en redoutable combattant : n'utilise-t-il pas pour vaincre les mêmes armes que son adversaire, c'est-à-dire le vol et le chantage (fin de l'acte IV et de l'acte V) ?

Ces procédés, d'un point de vue moral, ne sont certes pas plus tolérables chez le père que chez le fils. Mais ils mettent en lumière une évidence qui échappe à première vue : Cléante — avarice mise à part — est le digne fils de son père.

Valère, maître Jacques, La Flèche : mensonge et vérité

Ces trois versions d'un même personnage, le serviteur, ont d'abord, pour le spectateur moderne, une valeur documentaire : Valère, maître Jacques, La Flèche nous renseignent sur la condition des domestiques au XVIIe siècle. De rang inférieur (exception faite de Valère, gentilhomme déguisé en intendant), ils vivent dans l'intimité des maîtres pour lesquels ils éprouvent un attachement sincère. Ainsi La Flèche s'associe-t-il étroitement au sort de Cléante (« nous sommes bien », scène 6, acte IV) et maître Jacques avoue-t-il son affection pour Harpagon : « je me sens pour vous de la tendresse, en dépit que j'en aie » (scène 1, acte III).

Mais ils nous intéressent aussi par la réponse qu'ils apportent à la tyrannie du maître de maison : la sincérité pour les uns, le mensonge pour les autres. La première permet à l'auteur des effets comiques liés au langage pittoresque et direct de La Flèche, et à la franchise de maître Jacques jusqu'à la scène 2 de l'acte III dans laquelle il décide de changer de bord : « Peste soit la sincérité ! c'est un mauvais métier. Désormais j'y renonce, et je ne veux plus dire vrai. »

Le mensonge introduit dans la comédie une note plus grave avec Valère masqué, défenseur résolu de l'hypocrisie, et avec maître Jacques calomniant l'intendant dans la scène 2 de l'acte V. C'est ce même maître Jacques qui, à la fin de la pièce, invite le spectateur à réfléchir sur cette question hautement morale de la vérité et du mensonge : « Hélas ! comment faut-il donc faire ? On me donne des coups de bâton pour dire vrai, et on me veut pendre pour mentir. »

Frosine : la ruse mise en échec

Figure traditionnelle d'entremetteuse, Frosine est la grande perdante de la pièce : face à un adversaire tel qu'Harpagon, ses artifices ne pèsent pas lourd (scène 5, acte II). Mais l'affrontement de ces deux personnages, gouvernés par la même passion de l'argent, donne lieu dans les actes II et III à des scènes particulièrement savoureuses dans lesquelles Molière exploite toutes les ressources du comique de mots, de caractère et de situation.

À partir de l'acte IV où elle prend le parti des amoureux, Frosine, moins âpre au gain, perd du même coup son pouvoir comique et passe alors du rôle de personnage actif à celui de personnage témoin.

Mariane et Anselme : des proies faciles

Richesse contre jeunesse : à travers ces deux personnages, Molière traite un thème qui lui est cher, celui des mariages forcés dans lesquels le sentiment est délibérément sacrifié à l'intérêt. Mariane et Harpagon, Anselme et Élise pourraient bien former un de ces couples monstrueux si la comédie ne se mêlait d'évincer les vieillards et de faire triompher l'amour.

Mais ces deux personnages sont également à rapprocher en raison de leur isolement : dans une société essentiellement organisée autour de la famille, Mariane, à demi orpheline, et Anselme, seul rescapé d'un effroyable naufrage, paraissent bien fragiles face au groupe familial désuni, mais fort, d'Harpagon. Cette situation n'échappe pas à l'avare qui tente aussitôt d'attirer dans sa sphère les proies faciles que sont pour lui la jeune Mariane et le riche Anselme. Tous deux n'évitent cette redoutable emprise que par la magie du théâtre qui les replace *in extremis* dans leur famille d'origine (scène 5, acte V).

L'Avare
ou les personnages-acteurs

Molière, comme tous les auteurs d'exception, est un irréductible. De critique en critique, de lecture en lecture, de spectacle en spectacle, les exégètes auront passé en revue tous les aspects de sa personnalité et de son génie : ses pièces n'en conservent pas moins leur mystère.

La problématique du masque

Tous ces commentaires — la profondeur d'un homme explorée et dévoilée, les mécanismes d'un art percés à jour — nous mettent cependant sur la piste : la vérité pourchassée est sur la trajectoire de l'infinie dialectique, où tour à tour s'opposent et se réconcilient les partisans du moraliste et ceux de l'homme de théâtre.

Mais cette recherche n'aurait rien d'extraordinaire — un individu, et plus encore un artiste, n'est-il pas toujours une énigme ? — si elle ne s'inscrivait très précisément dans la problématique du masque chez Molière. Celui qui ne livra aux biographes qu'une maigre pâture, comme si Jean-Baptiste Poquelin se fût définitivement effacé devant Molière, ne laissa-t-il pas en effet à ses personnages le soin de le représenter aux yeux de ses contemporains et de la postérité ? Et ces personnages, de Tartuffe à Dom Juan, du Misanthrope au Bourgeois gentilhomme, n'ont-ils pas tous en commun, comme leur créateur, comédien de son état, de spéculer sur l'être et le paraître ?

Or, s'il entre dans la définition de l'acteur de changer de rôle au gré de son répertoire, ne doit-on pas s'étonner de la constance avec laquelle Molière joue avec l'identité de ses personnages ?

Ce phénomène est particulièrement sensible dans *l'Avare* où chacun manipule sa propre image, présente tour à tour des aspects différents de sa personnalité, comme si le masque, la feinte, l'anonymat et le secret, autrement dit la comédie en termes de théâtre et le mensonge en termes de morale, étaient le principe de toute vie familiale et sociale. Ces variations nous intéressent à plus d'un titre : d'une part, elles produisent des effets comiques particulièrement riches ; d'autre part, elles nous incitent à replacer Molière dans son univers, qui n'est pas celui de la pensée mais celui de la représentation.

La comédie des personnages

Jamais l'expression « jouer la comédie » ne s'appliqua mieux qu'aux personnages de *l'Avare* où le groupe familial et social se conduit comme une troupe de théâtre, obéissant aux mêmes réflexes de composition que des acteurs chevronnés assoiffés de succès. Si le but poursuivi est différent — la performance scénique pour le comédien, le souci des intérêts privés pour chacun des personnages —, les moyens utilisés appartiennent incontestablement à la panoplie du théâtre.

C'est d'abord le recours au masque annoncé dès la première scène avec Valère qui s'est introduit dans la maison de sa bien-aimée, Élise, sous la fausse identité d'un domestique : « Vous voyez [...] sous quel masque de sympathie et de rapports de sentiments je me déguise pour lui plaire, et quel personnage je joue tous les jours avec lui afin d'acquérir sa tendresse. » Les mots « masque », « déguise », « personnage », « joue » affichent, on ne peut plus clairement, la tonalité de la pièce. Le motif est repris plus loin dans la scène 7 de l'acte III avec Cléante et Mariane dans les rôles de futurs beau-fils et belle-mère, sous le regard d'Harpagon à qui est adressée cette mise en scène.

Mais l'avare n'est pas toujours le destinataire de ces simulations. Détenteur du pouvoir au sein de sa famille, il n'a pas besoin de masque pour mener à bien ses affaires. Cependant, il utilise volontiers la feinte, avatar du masque, de manière ponctuelle pour servir un intérêt immédiat : c'est, par exemple, son effort dans la scène 4 de l'acte I pour dissimuler sa fortune aux yeux de ses enfants ou, dans la scène 3 de l'acte IV, la ruse qui consiste à faire croire à Cléante qu'il renonce à Mariane. Le même genre d'artifice est utilisé par Valère : pour plaire à Harpagon, il fait semblant d'approuver le mariage d'Élise avec Anselme (scène 5, acte I) et encourage hypocritement la mesquinerie du maître de maison lors de la préparation du dîner offert à Mariane (scène 1, acte III).

Frosine, dans sa fonction d'entremetteuse, a également recours à la feinte : rassurante, dans la scène 5 de l'acte II où elle fabrique de toutes pièces un portrait flatteur de l'avare : « vous êtes à ravir, et votre figure est à peindre », elle opère, elle aussi, dans le registre de l'illusion, tout comme dans la scène 6 de l'acte III où l'apparence d'Harpagon donne, encore une fois, lieu à une surenchère :

« MARIANE (*bas à Frosine*). Ô l'homme déplaisant !
HARPAGON. Que dit la belle ?
FROSINE. Qu'elle vous trouve admirable. »

Mais le jeu des personnages se complique encore avec l'anonymat et le secret. Dans la scène 1 de l'acte II, les rôles de Cléante et d'Harpagon sont dédoublés : derrière le père et le fils se dissimulent un emprunteur et un prêteur. Clandestinité également des amours d'Élise et de Valère (scène 1, acte I), de celles de Cléante et de Mariane (scène 2, acte I), enfin du trésor caché d'Harpagon (scène 4, acte I). Citons en dernier lieu la double identité d'Anselme, en réalité dom Thomas d'Alburcy (scène 5, acte V) : aucun doute, *l'Avare,* par le jeu des masques, remonte bien à la tradition du théâtre grec et de la commedia dell'arte. Mais chez Molière le masque ne sert pas à définir un type ; au contraire, il multiplie les visages des personnages saisis désormais à travers une complexité toute moderne.

178

Les effets comiques

Ce phénomène, cependant, ne serait qu'un procédé dramatique banal si Molière n'en faisait une inépuisable source de comique. C'est d'abord la tombée du masque qui provoque un effet de surprise chez les personnages au moment où la vérité se met en place. La scène 2 de l'acte II présente à cet égard une qualité comique qui repose entièrement sur le principe de la reconnaissance :

« HARPAGON. Comment ! pendard, c'est toi qui t'abandonnes à ces coupables extrémités !

CLÉANTE. Comment ! mon père, c'est vous qui vous portez à ces honteuses actions ! »

Le même motif est repris plus loin dans la scène 7 de l'acte III avec une variante : lorsque Cléante et Mariane se reconnaissent, la prudence leur commande de se taire. Le public cette fois n'est plus seulement témoin mais complice, et son rire traduit, outre l'étonnement devant une réalité si vite substituée à une autre, la satisfaction de partager le secret des deux amoureux sous le nez d'Harpagon !

Mais Molière ne se contente pas d'exploiter la veine comique de l'effet de surprise. La reconnaissance, lorsqu'elle n'est pas mutuelle, se charge d'ironie. Frosine, qui ne parvient pas à imposer son image de femme d'affaires à un Harpagon délibérément sourd, incite le spectateur à la moquerie (scène 5, acte II). Ce sentiment laisse place à une terreur bien vite résolue par le rire dans la scène 4 de l'acte IV quand Cléante avoue à son père qu'il aime Mariane. Dans ces deux scènes, le comique est commandé par le grippage du mécanisme de la reconnaissance.

L'ironie peut aller jusqu'à une inversion totale de ce mécanisme : c'est alors le quiproquo que l'on retrouve à deux reprises dans la pièce. Dans la scène 5 de l'acte IV, Cléante et Harpagon, provisoirement investis des rôles de bon fils et de bon père, se réconcilient pour se fâcher de nouveau lorsque la personne véritable émerge derrière la fiction. Plus loin, dans la scène 3 de l'acte V, Valère accusé de vol confesse un autre crime : son amour pour la fille de la maison. Dans les deux cas, Molière a su admirablement tirer le parti comique de l'équivoque liée au quiproquo.

Une vision d'acteur

Comme on le voit, c'est sur le motif du personnage-acteur que repose une grande partie du comique de situation dans *l'Avare*. L'interrogation morale inhérente à la question du masque fait-elle délibérément ou accidentellement partie du jeu ? Difficile de le dire puisque Molière lui-même, de *la Critique de l'École des femmes* à la préface de *Tartuffe*, a brouillé les pistes : du « Laissons-nous aller de bonne foi aux choses qui nous prennent par les entrailles » à « l'emploi de la comédie est de corriger les vices des hommes », la contradiction laisse perplexe, à moins que Molière, poussé par les circonstances, n'ait fini par masquer aussi sa pensée...

Une chose est sûre en tout cas : bien que la technique du « théâtre dans le théâtre » mise en place dans *l'Avare* puisse alimenter le mythe d'un Molière moraliste, elle accrédite avant tout l'image du comédien : la comédie selon Molière est une invention et une vision d'acteur.

La création de *l'Avare*

Les sources

Au XVIIe siècle, emprunter n'est pas voler. Les écrivains commencent à peine à se soucier de la propriété littéraire. Aussi lorsque Molière emprunte à Plaute, poète comique latin, l'idée de sa pièce, n'a-t-il pas le sentiment de commettre une faute. Et lorsqu'un siècle plus tard on prétend que, dans *l'Avare*, « il n'y a pas quatre scènes qui soient de Molière », c'est tout simplement parce que l'on accorde plus d'importance à l'origine d'une œuvre qu'à sa qualité.

Les emprunts à Plaute
Personne ne niera que l'*Aululeria* (titre latin signifiant « petite marmite »), comédie écrite environ 200 ans av. J.-C., ait inspiré Molière. Le personnage d'Harpagon, l'épisode de la cassette et l'intrigue amoureuse entre Valère et Élise viennent directement de la pièce latine, de même que certains détails : les mains de La Flèche inspectées par l'avare (scène 3, acte I), le « sans dot » répété sur tous les tons par Harpagon (scène 5, acte I), l'idée de la collation offerte à Mariane (acte III) et surtout le monologue de l'avare volé (scène 7, acte IV).

Quelques autres influences
Mais d'autres œuvres ont certainement influencé Molière : *la Belle Plaideuse*, pièce de Boisrobert écrite treize ans avant *l'Avare*, qui montre un jeune homme obligé, comme Cléante, d'emprunter de l'argent à un usurier. Horreur ! le prêteur n'est autre que son propre père.

I Suppositi, comédie italienne de l'Arioste, présente aussi une jeune fille riche, amoureuse d'un faux domestique. Bonheur ! le valet est en réalité un jeune homme de bonne famille qui retrouve sa fortune dans le dénouement !

181

Enfin, la commedia dell'arte, ou comédie italienne, qui, reprenant de pièce en pièce les mêmes personnages, offre à Molière un répertoire de figures traditionnelles : le valet bavard et inventif (La Flèche), l'intrigante (Frosine), le vieillard amoureux (Harpagon), ainsi que quelques traits de gros comique comme la chute d'Harpagon (scène 9, acte III) et les volées de coups de bâton (scènes 1 et 2, acte III).

Malgré tout, une création
Comme on le voit, Molière, à l'exemple des auteurs de son temps, n'hésite pas à reprendre dans ses œuvres les idées des autres. Mais... prudence : n'en concluons pas qu'il s'est contenté, dans *l'Avare*, de mettre bout à bout des idées empruntées à d'autres. Bien au contraire. Pour créer une pièce cohérente et divertissante, il a dû dominer ses sources, les marquer de sa personnalité et les adapter aux réalités de son siècle.

La bourgeoisie et l'argent à l'époque de Molière

L'avare de la pièce de Molière est un bourgeois enrichi. Que signifient ces mots au XVIIe siècle ?

Les nouveaux riches
Située entre le peuple et la noblesse, la bourgeoisie est une classe sociale qui s'est enrichie grâce au commerce, au prêt à intérêt et à l'épargne. Mais attention : il faut opposer la bourgeoisie de la première génération, à laquelle appartient l'avare, à celle de la seconde génération, à laquelle appartient Cléante. Pour le père, l'argent est un capital que l'on doit garder en le faisant fructifier ; pour le fils, il signifie dépense, confort, plaisir. Le conflit qui les oppose ne traduit donc pas une simple incompatibilité d'humeur et l'avarice d'Harpagon n'est pas seulement un trait de caractère : pour composer ses personnages, Molière a sans aucun doute tenu compte des réalités économiques et sociales de son époque.

L'attrait de l'or

De la même façon, si l'on veut bien comprendre la passion d'Harpagon pour sa cassette, il faut savoir qu'au temps de Molière les espèces en or et en argent sont devenues extrêmement rares. C'est la bourgeoisie qui en possède la plus grande partie tandis que les caisses du roi sont toujours vides : Louis XIV, à plusieurs reprises, demandera à ses sujets de porter leur vaisselle d'argent à la Monnaie pour être fondue... On comprend alors que la fortune d'Harpagon « en bons louis d'or et pistoles bien trébuchantes » (scène 1, acte V), outre qu'elle représente une somme considérable, constitue un trésor dans le vrai sens du mot.

Molière, *l'Avare*
et les critiques

Dès le XVIIᵉ siècle : un succès populaire

Lors de sa première représentation, *l'Avare* attira un public nombreux. Mais la pièce déconcerta les spectateurs : une grande comédie (cinq actes) écrite en prose et non en vers !

J'avertis que le sieur Molière,
De qui l'âme est si familière
Avecque les neuf doctes sœurs,
Dont il reçoit mille douceurs,
Donne à présent sur son théâtre,
Où son génie est idolâtre,
Un *Avare* qui divertit
Non pas, certes, pour un petit,
Mais au-delà de ce qu'on peut dire,
Car, d'un bout à l'autre, il fait rire.
Il parle en prose, et non en vers ;
Mais nonobstant les goûts divers,
Cette prose est si théâtrale
Qu'en douceur les vers elle égale.
Au reste, il est si bien joué
(C'est un fait de tous avoué)
Par toute sa troupe excellente,
Que cet *Avare* que je chante
Est prodigue en gais incidents,
Qui font des mieux passer le temps.

Robinet, *Lettre en vers*, 15 septembre 1668.

Cependant il ne saisissait pas toujours le public d'abord ;
il l'éprouva dans son *Avare*. À peine fut-il représenté
sept fois. La prose dérouta ce public. « Comment, disait
M. le Duc de X, Molière est-il fou et nous prend-il
pour des benêts, de nous faire essuyer cinq actes de
prose ? A-t-on jamais vu plus d'extravagance ? Le
moyen d'être diverti par de la prose ! » Mais Molière
fut bien vengé de ce public injuste et ignorant quelques
années après ; il donna son *Avare* pour la seconde fois
le 9 septembre 1668. On y fut en foule et il fut joué
presque toute l'année : tant il est vrai que le public
goûte rarement les bonnes choses quand il est dépaysé !
Cinq actes de prose l'avaient révolté la première fois ;
mais la lecture et la réflexion l'avaient ramené, et il fut
voir avec empressement une pièce qu'il avait méprisée
dans les commencements.

Grimarest, *Vie de Molière* (1705).

Ce succès se confirma puisque, entre 1680 (date d'entrée de
la pièce au répertoire de la Comédie-Française) et 1700, elle
fut jouée 155 fois, venant ainsi en troisième position après *le
Tartuffe* et *le Misanthrope*.

L'Avare, une « comédie de caractère » ?

Le succès permanent de *l'Avare*, si populaire qu'on choisit
Louis de Funès pour incarner Harpagon au cinéma, a peut-
être empêché que la pièce soit rangée dans la catégorie des
« grandes comédies de Molière ». Farce ? Drame bourgeois ?
Les critiques du XXe siècle sont partagés. Comme ils le sont
à propos du personnage principal : Harpagon est-il comique,
ou bien tragique ?

La peinture de l'avarice se ramène à une suite de
numéros de répertoire. Molière ne raisonne pas d'après
un caractère, mais d'après des scènes à faire.

P. Brisson, *Molière, sa vie dans ses œuvres*,
Gallimard, 1942.

La passion de posséder trouve en lui [Harpagon] son véritable objet, l'argent, et sa forme achevée, le délire. Un de ses mots les plus forts, et qui trahissent le mieux ce tempérament dans lequel l'instinct se repaît de l'objet, le désire palpable, veut le tenir, est celui qui concerne la prétendue dot attribuée par Frosine à Mariane. « C'est une raillerie que de vouloir me constituer sa dot de toutes les dépenses qu'elle ne fera point. Je n'irai pas donner quittance de ce que je ne reçois pas, et il faut bien que je touche quelque chose. » Ce désir de tenir est le fond, mais aussi la chimère, de toute avarice. Il n'est de certitude et de jouissances vraies que dans des rapports de réciprocité et d'échange avec le monde vivant. Harpagon ne jouit finalement de rien de ce qu'il tient. [...]

Harpagon s'imagine entouré d'ennemis. Molière a poussé ce trait chez lui jusqu'aux limites de la folie : tout ce qu'il voit, dit-il lui-même, lui semble son voleur. Harpagon joint ainsi l'extrême stylisation de la caricature à la vérité psychologique la plus directe. Molière a donné en lui la formule abstraite d'une mentalité réelle, qu'on peut nommer bourgeoise, en désignant par ce mot, d'accord avec tout le XVIIe siècle, une forme d'existence morale inférieure, impuissante à réaliser le beau caractère humain.

> P. Bénichou, *Morales du grand siècle*,
> Gallimard, 1948.

Harpagon devient odieux dans la mesure (inévitable) où la passion de posséder et la terreur de perdre la possession la rendent inutilisable au possesseur et la détruisent, en même temps qu'elles l'aliènent au monde et rendent impossible tout contact avec ses proches. Ainsi les rapports de l'avare et de son argent déshumanisent le personnage [...].

L'argent n'est plus de l'argent. Il a même cessé d'être un symbole : il est devenu une obsession vide de sens, une abstraction vénéneuse qui fomente le délire et la déraison.

H. Fluchère, « Ploutos, Éros,
Molière et les vieillards »,
in *Molière, Stage and Studies*, Oxford, 1973.

L'unité d'action, pièce cardinale de la doctrine classique, est traitée par Molière avec une désinvolture préclassique. Bien des scènes de ses pièces sont inutiles à l'intrigue, mais toutes servent à peindre la personnalité du héros. Il y a unité d'intérêt plutôt qu'unité d'action proprement dite. Ainsi *l'Avare*, avec ses quatre intrigues peu unifiées, satisfait mal les théoriciens mais montre admirablement, dans des domaines distincts, les ravages de l'avarice. Tout converge vers l'intérêt pour le caractère d'Harpagon ; c'est pourquoi l'on appelle parfois la pièce une comédie de caractère.

Colette et Jacques Scherer,
« Le métier d'auteur dramatique »,
in *le Théâtre en France*, tome I,
Armand Colin, 1988.

Le comique réside dans une certaine vue du monde. Molière voit la réalité humaine avec l'œil du poète comique [...].

Si Harpagon est ridicule ce n'est pas parce qu'il est avare. L'avarice peut être tragique aussi bien que comique. C'est que sa position sociale, sa situation de chef de famille et son amour pour Mariane le jettent dans la contradiction [...].

R. Bray, *Molière, homme de théâtre*,
Mercure de France, 1954.

La force de l'illusion dans les dernières années de Molière finit le plus souvent par soustraire le père récalcitrant aux obligations de l'existence, figurées par sa famille, et par l'enclore tout de bon dans la sphère enchantée de son désir. Le sordide Harpagon s'emmure dans son or. [...]

Car dans *l'Avare* Molière ne tente rien moins qu'une confrontation avec l'inhumain. La Flèche ne plaisante qu'à demi lorsqu'il le présente à Frosine dans ces termes : « Le seigneur Harpagon est de tous les humains l'humain le moins humain. »

M. Gutwirth, *Molière ou l'Invention comique*,
Minard, 1966.

En un temps qui manque de numéraire, l'économiste sage, en accord avec Bossuet, dénonce le mauvais riche. Nuit à la prospérité celui qui dépense mal, et plus encore celui qui ne dépense pas. L'avare est un fléau social. Il renâcle devant les placements utiles que le règne suggère : grandes compagnies de commerce, manufactures privilégiées, ateliers à vaste équipement et abondante main-d'œuvre, commerce de gros auquel la noblesse peut s'adonner sans déroger. Et, thésaurisant, gardant jalousement sa cassette, il refuse d'animer le marché intérieur. *L'Avare* est une des pièces de Molière les plus conformes aux vœux économiques et sociaux du temps.

M. Bouvier-Ajam,
« Le décor historique, économique et social »,
in *Europe*, nov.-déc. 1972, « Gloire de Molière ».

Côté scène...

Si la comédie de *l'Imposteur* est la plus troublante que Molière ait écrite, celle de *l'Avare* est la plus dure. J'allais dire : la plus méchante ; ou mieux : la plus ingrate. Ce n'est point de l'amertume, mais une aridité qui est dans les caractères, et dans le souffle trop violent des passions, qui attise les âmes, sans les attendrir. La jeunesse elle-même, que Molière adorait, en est moins exaltée que flétrie. Sa fleur est détruite. Elle n'a plus son beau visage.

Jacques Copeau, *Registres II, Molière,*
Gallimard, 1976.

Un soir, à Tours, à l'issue de la représentation, le maire avait organisé une réception démocratiquement sympathique puisque Brindavoine lui-même y était convié ! M. le Maire félicite Dullin et ajoute : « La prochaine fois, tâchez de nous proposer une œuvre plus morale. Certains spectateurs ont été choqués. » Nous en rîmes, mais, au fond, le maire avait raison. Quelle sordide histoire que celle de *l'Avare !* Il n'y a que l'amour forcené qui puisse la faire passer, ou le rire.

Jouvet, pour juger un manuscrit, avait coutume de dire : « Accepterais-tu de vivre avec ces gens-là ? » Ce n'est pas toujours vrai, mais souvent utile d'y penser.

Pour *l'Avare,* la question se pose. À part Élise et maître Jacques... et encore ! je n'en vois pas un seul « comestible ».

Jean-Louis Barrault,
Mes rencontres avec Molière, Hachette, 1976.

Avant ou après la lecture

Lectures et mises en scène

1. Molière a emprunté à l'*Aulularia,* de l'auteur latin Plaute, la scène dans laquelle Harpagon découvre le vol de la cassette.

EUCLION.   Je suis perdu ! je suis mort ! je suis assassiné ! Où courir ? Où ne pas courir ? arrêtez-le, arrêtez-le ! Mais qui ? Et qui l'arrêtera ? Je ne sais, je ne vois rien, je vais en aveugle... Où vais-je, où suis-je, qui suis-je, je ne sais plus, j'ai la tête perdue... Par pitié vous autres, je vous en prie, je vous en supplie, venez à mon secours : indiquez-moi l'homme qui me l'a ravie.*(Au public.)* Que dis-tu toi ? Je veux t'en croire : tu as la figure d'un honnête homme. Qu'y a-t-il ? pourquoi riez-vous ? Je vous connais tous. Je sais que les voleurs sont légion parmi vous ; ils ont beau se cacher sous des vêtements blanchis à la craie, et demeurer sagement assis tout comme de braves gens... Hein, quoi ? personne ne l'a ? Tu m'assassines. Dis-moi, voyons : qui l'a ? Tu ne sais pas ? Ah, pauvre, pauvre malheureux ! je suis mort.

Traduction de A. Ernout,
Éd. des Belles Lettres.

Comparez phrase par phrase les deux versions de ce même épisode. Molière s'est-il contenté de copier son modèle ou bien l'a-t-il enrichi ? Expliquez ensuite pourquoi vous préférez l'une ou l'autre version.

2. Dans le texte suivant, Louis Jouvet (1887-1951), acteur célèbre et professeur d'art dramatique, explique à une de ses élèves, Simone, comment jouer Élise dans la scène 1 de l'acte I. Ce texte constitue une base de travail et de réflexion pour monter *l'Avare* avec la classe.

L. J.   Vous venez d'échanger quatre répliques. Tu veux me dire ce que c'est que cette scène, ce qu'ils ont dit, quelle est la situation entre ces deux personnes ?

SIMONE.   Valère est là déguisé et elle l'aime ; elle est fiancée à lui secrètement ; elle sait que son père s'il savait cela ne serait pas content, elle a peur que son père ne le sache et elle lui déclare son amour tout simplement. Mais elle a de l'inquiétude, elle se demande ce qui va se passer. [...]

L. J.   Il faut que ce soit d'une très grande clarté. C'est un début de pièce, il faut que ce soit très clair, clair pour le public et pour toi. Et ta première réplique d'Élise...

SIMONE.   Ce n'est pas assez tendre ?

L. J.   Reprends-le, veux-tu ? Écoute la première réplique de Valère : « Hé quoi ! charmante Élise... » Tu entends ce que cela veut dire : « les obligeantes assurances... que vous avez bien voulu me donner de votre foi... » [...]
Ils ont dû se presser les mains discrètement derrière les portes. C'est une maison où on ne s'amuse pas du tout ; Cléante n'est pas là de la journée. Il n'y a qu'un homme possible dans cette maison, c'est Valère. Élise avec toute la distinction d'une fille de maison qui ne peut pas se commettre devant tout le monde, de temps en temps lui fait de petites œillades ; c'est cela les obligeantes assurances. C'est important que tu l'entendes quand tu dis cela.
    — Hé quoi ! charmante Élise...
    — ... une trop douce puissance.

L. J.   « Non, Valère, je ne puis me repentir de ce que j'ai fait pour vous. » La seconde partie de la phrase compense la première. [...]
    — Hélas ! cent choses à la fois : ...
    ... les témoignages trop ardents d'une innocente amour.

L. J.   « ... Trop ardents » : c'est pour elle ; elle se

191

reproche des choses. Pense bien à toi en disant tout cela. Pense bien à tout ce qu'il y a eu entre vous. C'est cela penser et éprouver le sentiment intérieur.

SIMONE. C'est difficile parce que je le sais à peine.

L. J. C'est simplement pour te dire ceci : dans un certain ordre de diction il faut faire attention ; c'est un exemple frappant, typique celui-ci : ce que tu dis, ce que tu as à dire, tu le dis parce que tu as besoin de le dire, parce que tu éprouves intérieurement un sentiment qui te fait dire, alors la diction, dans ce sens, est le résultat du sentiment. Pense bien la phrase d'abord pour en trouver le sentiment.
— Hélas ! cent choses à la fois : ...
... d'une innocente amour.

L. J. Tu sais, quand elle arrive au « témoignages trop ardents d'une innocente amour », elle se reproche peut-être de s'être laissé embrasser, elle se demande si elle n'a pas eu tort. Elle est dans cette inquiétude où sont les amoureux lorsqu'ils n'ont pas encore couronné leur flamme, comme on dit en termes distingués.
— Ah ! ne me faites pas ce tort...
— ... ce n'est que les actions qui les découvrent différents.

L. J. Tu vois comme elle est déjà au fait de beaucoup de choses. Elle a vu des choses déjà, c'est une fille bien.
[Ils achèvent la scène.]

L. J. [à Simone]. C'est bien. [...] Fais attention de ne pas te laisser bercer par ton sentiment. [...] Tu es sensible, *tu t'enveloppes de sentiment, alors tu ronronnes un peu,* tu en mets tout de suite trop. Moi, je voudrais te ramener à un peu plus de sécheresse et d'intelligence du texte.

Louis Jouvet, classe du 27 novembre 1940,
Molière et la comédie classique, Gallimard, 1951.

Rédactions

1. Molière affirme que « l'emploi de la comédie est de corriger les vices des hommes » : pensez-vous que cette définition s'applique à *l'Avare* ? Développez votre point de vue.

2. Dans la scène 5 de l'acte III, Mariane rencontre pour la première fois Harpagon. L'effroi lui coupe la parole. Rédigez une tirade adressée à Frosine ou à l'avare lui-même, dans laquelle elle exprimera tout haut ses sentiments.

3. En vous inspirant des indications données dans la documentation thématique (p. 156), imaginez la réception que donnera Anselme pour célébrer le mariage de ses deux enfants à la fin de la pièce.

4. Racontez l'histoire de *l'Avare* sous la forme d'un article de presse destiné à la rubrique « Faits divers » d'un grand quotidien populaire.

5. Dans *la Critique de l'École des femmes* (1663), l'un des personnages demande à l'autre si « les pièces comiques sont des niaiseries qui ne méritent aucune louange ». Répondez à cette question en vous appuyant sur votre étude de *l'Avare*.

Recherches et exposés

1. Recherchez dans la bibliographie p. 194 un titre d'ouvrage sur la vie en France au XVIIᵉ siècle. Il contient une mine d'informations qui permettent de réaliser les exposés suivants :
a. la mode sous Louis XIV ;
b. l'éducation des enfants au XVIIᵉ siècle ;
c. le pouvoir du père sur ses enfants à l'époque de Molière ;
d. les loisirs des bourgeois de Paris sous Louis XIV.

2. Recherchez dans cette même bibliographie un ouvrage sur la comédie et réalisez les exposés suivants :
a. la comédie avant Molière ;
b. la comédie après Molière.

Bibliographie, filmographie

Édition
Molière, *Œuvres complètes*, Bibliothèque de la Pléiade, par Georges Couton (2 vol., Gallimard), 1983.

Études sur le XVIIᵉ siècle
A. Adam : *Histoire de la littérature française au XVIIᵉ siècle*, t. III, Domat, 1952.
A. Adam : *le Théâtre classique*, Presses universitaires de France (Coll. « Que sais-je ? »), 1970.
P. Bénichou : *Morales du grand siècle*, Gallimard, 1948 (nouvelle éd. Coll. « Folio essais », 1988).
F. Bluche : *la Vie quotidienne au temps de Louis XIV*, Hachette (Coll. « Vie quotidienne), 1980.
G. Mongrédien : *la Vie quotidienne des comédiens au temps de Molière*, Hachette (Coll. « Vie quotidienne »), 1966.

Études sur la comédie et sur Molière
R. Bray : *Molière homme de théâtre*, Mercure de France, 1954 ; nouvelle édition, 1963.
G. Defaux : *Molière ou les Métamorphoses du comique : de la comédie morale au triomphe de la folie*, Klincksieck, 1980.
M. Descotes : *les Grands Rôles du théâtre de Molière*, Presses universitaires de France, 1960.
R. Jasinski : *Molière, l'homme et l'œuvre*, Hatier, 1969.
L. Jouvet : *Molière et la comédie classique*, Gallimard, 1951.
C. Mauron : *Psychocritique du genre comique*, José Corti, 1964.
L. Thoorens : *le Dossier Molière*, Marabout Université, 1964.
P. Voltz : *la Comédie*, Armand Colin (Coll. « U »), 1964.

Filmographie

Molière, réalisé par Ariane Mnouchkine, 1978.

L'Avare, mis en scène par Louis de Funès et Jean Girault, 1979, avec Louis de Funès dans le rôle d'Harpagon.

Petit dictionnaire du théâtre

acte *(nom masc.)* : partie d'une pièce de théâtre qui correspond à une étape importante dans le déroulement de l'action. Un acte se caractérise par le groupement des scènes autour d'un événement important.

action *(nom fém.)* : série d'événements qui, dans une pièce de théâtre, constitue l'intrigue. L'action a un commencement, un développement et un dénouement.

bienséance *(nom fém.)* : principe essentiel du théâtre classique comportant le respect des règles de la morale et de la religion ; « Tout ce qui est contre les règles du temps, des mœurs, du sentiment, de l'expression est contraire à la bienséance » (P. Rapin).

comédie *(nom fém.)* : pièce de théâtre destinée à faire rire. On oppose généralement la comédie à la tragédie, pièce de théâtre destinée à provoquer des émotions fortes chez le spectateur.

comique *(nom masc.)* : ce qui éveille le rire chez les spectateurs d'une comédie. On distingue traditionnellement le comique de mots, de gestes, de situation, de caractère.

coup de théâtre : événement inattendu qui change radicalement le cours de l'action.

dénouement *(nom masc.)* : partie finale d'une pièce de théâtre où l'action prend fin.

dialogue *(nom masc.)* : ensemble de répliques échangées entre plusieurs personnages.

emploi *(nom masc.)* : rôle secondaire.

exposition *(nom fém.)* : première partie d'une pièce, comptant une ou plusieurs scènes, dans laquelle l'auteur présente les personnages, expose la situation de départ et donne des indications sur le lieu et le moment de l'action.

farce *(nom fém.)* : pièce comique courte qui utilise principalement le comique de mots, de situation et de gestes pour faire rire un public populaire.

intérêt dramatique : intérêt que peut éveiller l'action sur le spectateur d'une pièce de théâtre.

intrigue *(nom fém.)* : enchaînement des événements, action d'une pièce de théâtre.

monologue *(nom masc.)* : discours d'un personnage qui parle seul.

quiproquo *(nom masc.)* [du latin *quid pro quod* : une chose pour une autre] : fausse interprétation des paroles d'un personnage par celui à qui il s'adresse.

règles de l'art dramatique : principes auxquels doivent se soumettre les auteurs de pièces de théâtre au XVIIe siècle. Voir *unité*.

réplique *(nom fém.)* : chaque élément du dialogue.

rôle *(nom masc.)* : partie du texte propre à un personnage ; c'est l'ensemble de ses répliques.

rôle-titre *(nom masc.)* : expression moderne qui désigne un rôle homonyme du titre de l'œuvre. Par exemple : *George Dandin*.

scène *(nom. fém.)* : partie d'un acte qui correspond à l'arrivée ou au départ d'un ou de plusieurs personnages.

tirade *(nom fém.)* : texte généralement assez long qu'un personnage dit sans interruption.

tragédie *(nom fém.)* : pièce de théâtre développant une action sérieuse dont le sujet est emprunté à l'histoire ou à la légende. Elle met en scène des personnages passionnés, en lutte contre leur destin. Elle est faite pour provoquer chez le spectateur des sentiments de pitié et de terreur.

unité d'action : règle du théâtre classique selon laquelle une pièce ne doit développer qu'un seul sujet.

unité de lieu : règle du théâtre classique selon laquelle une pièce doit se dérouler dans un lieu unique.

unité de temps : règle du théâtre classique selon laquelle l'action d'une pièce ne doit pas dépasser vingt-quatre heures.

Collection fondée par Félix Guirand en 1933, poursuivie par Léon Lejealle de 1945 à 1968 puis par Jacques Demougin jusqu'en 1987.

Nouvelle édition
Conception éditoriale : Noëlle Degoud.
Conception graphique : François Weil.
Coordination éditoriale : Emmanuelle Fillion et Marie-Jeanne Miniscloux.
Collaboration rédactionnelle : Dominique Lambilliotte.
Coordination de fabrication : Marlène Delbeken.
Documentation iconographique : Nicole Laguigné.
Schémas p. 2 : Léonie Schlosser *et p. 10-11 :* Thierry Chauchat.

Sources des illustrations
Giraudon : p. 160.
Christophe L. : p. 5.
Hachette : p. 15.
Larousse : p. 18.
Agence de Presse Bernand : p. 31, 37, 52, 78.
Cahiers du cinéma : p. 90, 98.
Brigitte Enguérand : p. 105.
Roger-Viollet : p. 143.

COMPOSITION : SCP BORDEAUX.
IMPRIMERIE HÉRISSEY. – 27000 ÉVREUX. – N° 67466.
Dépôt légal : Décembre 1989. – N° de série Éditeur : 18362.
IMPRIMÉ EN FRANCE *(Printed in France).* 871302 N-Février 1995.

Dans la nouvelle collection *Classiques Larousse*

H. C. Andersen : *la Petite Sirène et autres contes.*

H. de Balzac : *les Chouans ; Eugénie Grandet.*

C. Baudelaire : *les Fleurs du mal.*

P. A. de Beaumarchais : *le Barbier de Séville ; le Mariage de Figaro.*

F.-R. de Chateaubriand : *Mémoires d'Outre-tombe* (I à III) ; *René.*

P. Corneille : *le Cid ; Cinna ; Horace ; l'Illusion comique ; Polyeucte.*

A. Daudet : *Lettres de mon moulin.*

D. Diderot : *le Neveu de Rameau.*

G. Flaubert : *Hérodias ; Un cœur simple.*

T. Gautier : *la Morte amoureuse, Contes et récits fantastiques.*

J. Giraudoux : *la guerre de Troie n'aura pas lieu.*

G. et W. Grimm : *Hansel et Gretel, et autres contes.*

V. Hugo : *Hernani ; Ruy Blas.*

E. Labiche : *la Cagnotte ; le Voyage de M. Perrichon.*

J. de La Bruyère : *les Caractères.*

Mme de La Fayette : *la Princesse de Clèves.*

J. de La Fontaine : *Fables* (livres I à VI).

P. de Marivaux : *la Double Inconstance ; les Fausses Confidences ; l'Ile des esclaves ; le Jeu de l'amour et du hasard.*

G. de Maupassant : *Boule de suif et autres nouvelles de guerre ; le Horla ; la Peur et autres contes fantastiques ; Un réveillon, contes et nouvelles de Normandie.*

P. Mérimée : *Carmen ; Colomba ; Mateo Falcone ; la Vénus d'Ille.*

Molière : *Amphitryon ; l'Avare ; le Bourgeois gentilhomme ; Dom Juan ; l'École des femmes ; les Femmes savantes ; les Fourberies de Scapin ; George Dandin ; le Malade imaginaire ; le Médecin malgré lui ; le Misanthrope ; les Précieuses ridicules ; le Tartuffe.*

M. de Montaigne : *Essais.*

Ch. L. de Montesquieu : *De l'esprit des lois ; Lettres persanes.*

A. de Musset : *les Caprices de Marianne ; Lorenzaccio ; On ne badine pas avec l'amour.*

G. de Nerval : *Sylvie.*

Ch. Perrault : *Histoires ou Contes du temps passé.*

E. A. Poe : *Double Assassinat dans la rue Morgue, suivi de la Lettre volée.*

J. Racine : *Andromaque ; Bajazet ; Bérénice ; Britannicus ; Iphigénie ; Phèdre.*

E. Rostand : *Cyrano de Bergerac.*

J.-J. Rousseau : *les Rêveries du promeneur solitaire.*

G. Sand : *la Mare au diable.*

Le Surréalisme et ses alentours (anthologie poétique).

Voltaire : *Candide ; l'Ingénu ; Zadig.*